Orson

Jon Katz

Orson

Um cachorro para toda a vida

Tradução:
Angela Pessôa

1ª reimpressão

Prestígio editorial

Título original: A Good Dog

Publicado por PRESTÍGIO EDITORIAL

Capa e projeto gráfico: Osmane Garcia Filho

Imagem da capa: Kai Tirkkonen / Getty Images

Imagens internas: Peter Hanks

Revisão: Herminia Totti

CIP-Brasil. Catalogação-na-fonte.
Sindicato Nacional dos Editores de Livros, RJ.

C38s Katz, Jon, 1947-
Orson : Um cachorro para toda a vida / Jon Katz ; tradução de Angela Pessôa. – São Paulo : Prestígio, 2007

Tradução de: A good dog

ISBN 978-85-77480-38-8

1. Cães 2. Border collie (raças de cães) 3. Biografia I. Título.

07-0038 CDD 993.175
CDU 878

07 08 09 10 11 7 6 5 4 3 2 1

Prestígio editorial

A *Prestígio Editorial* é um selo da *Ediouro Publicações S. A.*

Rua Nova Jerusalém, 345 — CEP 21042-230
Rio de Janeiro — RJ
Tel.: (21) 3882-8200 — Fax: (21) 3882-8212/ 8313
E-mail: editorialsp@ediouro.com.br
vendas@ediouro.com.br
Internet: www.ediouro.com.br/prestigio

Para Brian McLendon, por
sua inabalável fé em meu trabalho.

Não se deixe intimidar pela enormidade do sofrimento do mundo. Aja corretamente agora. Preze a compaixão agora. Caminhe com humildade agora. Você não é obrigado a consumar o trabalho, mas tampouco é livre para abandoná-lo.

Talmud

Sumário

11 Nota do autor
13 Prólogo – Um cão chamado Devon

23 1. Um cão chamado Orson
43 2. Orson e Winston
55 3. A ascensão de Rose
73 4. O acordo
81 5. O grande mordiscador
103 6. Demônio motorizado
123 7. Lugares extáticos
135 8. Sírius
139 9. No jardim
147 10. Escolhas
157 11. Dormindo
163 12. A vida na fazenda
177 13. Um lar para o cão estrela

187 Posfácio
189 Agradecimentos

Orson.

Nota do autor

Este é um texto autobiográfico, uma obra de não-ficção. Todos os eventos que descrevi aconteceram de fato. Todos os personagens são reais.

Alguns nomes foram mudados. Carr, o fazendeiro, não quis ser identificado — devido "a uma ou duas dívidas em aberto". Entretanto, tudo que disse ou fez ocorreu conforme descrito.

O nome da veterinária holística em Vermont foi alterado a seu pedido, mas o tratamento que ministrou em Orson foi descrito corretamente. Também alterei o nome da mulher que trabalhava em meu jardim e o nome da especialista em comunicação com animais, no texto referida como Donna.

Todos os demais nomes no livro são verdadeiros, assim como minha história e a de Orson.

Orson.

Prólogo

Um cão chamado Devon

Minha vizinha chegou batendo na porta dos fundos.

— Devon está na escola! — gritou. — Parou um ônibus escolar. Eles chamaram a polícia. É melhor você ir até lá.

Não precisei ouvir mais. Desde que o trouxera para casa, Devon, meu novo cão, era fascinado pelo vasto sortimento de coisas para pastorear e caçar em Nova Jersey, coisas que nunca vira nas áreas rurais do Texas: crianças em *skates* e patinetes, caminhões de lixo, tratores de neve e ônibus.

Ele gostava particularmente dos ônibus.

Devon pastoreava ônibus escolares em todas as oportunidades. Ouvia os motores estridentes a muitos quarteirões de distância e começava a girar em círculos, manifestando a visão característica do border collie. Perseguira ônibus diversas vezes, uma ou duas delas parando-os no meio da rua.

Àquela altura, minha mulher, minha filha e os vizinhos estavam acostumados a me ver disparar atrás dele através de quintais e gramados, praguejando e gritando "Venha!", "Aqui!", "Pare!" — o que quer que conseguisse pensar para chamar sua atenção. Invariavelmente eu falhava.

Uma vez, saí às pressas e o vi agarrar o pneu de um ônibus escolar em movimento. Parei e esperei enquanto ele desabava sobre o asfalto e depois apagava. Felizmente, o ônibus movia-se devagar. Devon era valente e determinado a sua própria maneira, e aos poucos compreendi que, para ele, meu jardim e sua cerca de estacas de madeira eram apenas passatempos divertidos. Ele conseguia cavar sob a cerca, afastar com o nariz as estacas ou, se tudo mais falhasse, simplesmente saltar por cima dela.

De modo que corri até a escola primária de tijolos vermelhos a poucos quarteirões de minha casa em Montclair, Nova Jersey. Ouvi Devon latir à medida que me aproximava.

Um grupo de mães ansiosas, agitadas e preocupadas, reunira-se no local. Montclair não é o tipo de cidade que dê risadas das travessuras de border collies lunáticos, especialmente quando crianças e ônibus escolares estão envolvidos. Devon atacava a porta decidido, mordendo como se o ônibus fosse uma ovelha gigante, enquanto as crianças espreitavam pelas janelas gritando e o motorista mantinha a porta fechada com o pé. Devon era um cão em ação, com um objetivo.

Do lado de fora, várias mães cercavam seus filhos, empurrando e chutando Devon, gritando "Vá embora!".

— Este cachorro é perigoso! — ouvi uma mulher berrar. — Vocês chamaram a polícia?

Quanto mais a gritaria se intensificava, mais excitado e determinado Devon parecia se tornar. Ele não se deixaria afastar por mães extremosas ou um motorista barulhento.

Corri atrás dele, gritando:

— Está tudo bem, é meu cachorro, ele não vai machucar ninguém!

Cheguei a dizer que Devon era um "cão resgatado", em geral um jeito infalível de obter simpatia e apoio. Mas minha tentativa de apaziguamento não pareceu abrandar a opinião das mães, e eu não podia culpá-las. Eu sabia que Devon não machucaria as crianças, mas como elas poderiam saber?

Ouvi sirenes a pouca distância. Teriam vindo por nossa causa? Um professor ou diretor de rosto vermelho gritou:

— Aí vem a polícia. Para trás!

Para alguém que possuía dois labradores amarelos mansos e obedientes, cães cujo maior desejo era comer e dormir, aquele era um drama canino sério. De repente, eu parecia ter me transformado em um protetor dos cães fora-da-lei.

As sirenes soavam próximas quando me precipitei atrás de Devon. Agarrei-o pela coleira e o forcei a sentar-se para ganhar sua atenção. Surpreso, ele olhou para mim, parecendo sair de seu transe. Eu havia esquecido de pegar uma guia, então o ergui, gritando chavões tolos para os pais zangados e os funcionários da escola.

— Que *diabos* há de errado com você? — sibilei para aquele cão impossível.

Depois — não consigo recordar meus pensamentos, se tive algum além do vago temor de que Devon fosse conduzido ao abrigo local de animais e aprisionado, talvez até mesmo morto — escapuli.

Disparei, o cachorro a postos, fugindo das crianças que gritavam, do motorista de ônibus nervoso e, sobretudo, da polícia. Meus únicos confrontos anteriores com a lei haviam sido as multas de trânsito. Agora eu e meu cão éramos fugitivos.

Bufando e ofegando — Devon pesava quase 22 quilos —, afastei-me da escola por entre as casas e ziguezagueei como um ladrão por acessos de garagens, descendo vielas e cruzando quintais cuidadosamente tratados. Cães latiam, gatos fugiam, algumas pessoas enfiavam a cabeça na janela e observavam.

Um ponto a meu favor era o fato de os subúrbios de Nova Jersey serem densamente construídos, com montes de jardins e garagens nos quais se esconder. As pessoas cuja propriedade eu estava invadindo não sabiam que estávamos fugindo; provavelmente presumiam apenas que eu era louco.

As sirenes se aproximaram. Rezei pelo rompimento de um cano de água ou por um pequeno acidente de trânsito, qualquer coisa que distraísse a polícia. Eles certamente tinham coisa mais importante a fazer. Mas as sirenes pararam, indicando que a polícia havia chegado à escola e não dispararia rumo a nenhuma outra cena de crime.

Aquele cão passara por muita coisa e eu não deixaria que fosse preso. Suando, o coração aos pulos, continuei em movimento, refugiando-me em uma garagem a poucos quarteirões de casa.

Eu esperava que meus vizinhos não me entregassem — a maioria gostava de Devon... de certa forma. Eles haviam descoberto que, ainda que excêntrico, ele não era perigoso. Mas eu não podia ir para casa sem me aproximar da escola, arriscando-me a ser detido pelo que supunha que fosse um exuberante exército de imposição da lei e funcionários do controle animal. Eu conseguia apenas imaginar como aquilo estava sendo transmitido nos rádios da polícia: *Cachorro enlouquecido atacando crianças diante da escola.*

Portanto, empurrei Devon para um canto. Segurando-o pela coleira, agachei-me ao lado dele.

Ele lambeu meu rosto freneticamente, um pouco alarmado, acho, por meu comportamento agitado e temeroso. Devon possuía um talento natural para se meter em encrenca, embora o fato de haver feito algo errado e ter me aborrecido também parecesse surpreendê-lo. O mundo não fazia sentido para ele.

— Não se mexa ou vou bater em você até você desmaiar, seu maluco filho-da-mãe — sussurrei. — Você não pode caçar ônibus escolares, simplesmente não pode. Aquilo não era uma ovelha!

Olhando para ele, mais uma vez admirei-me com a beleza de cão que era — preto e branco, com uma acentuada labareda no peito. E com o quanto eu viera a amá-lo em tão pouco tempo. Devon tinha um focinho afilado e elegante. Os olhos eram intensos e belos, profundos e negros, e eu via neles doçura e tristeza, lado a lado com sua loucura, que nunca deixou de tocar meu coração. Ele parecia saber que iria falhar, uma dura carga para um cão trabalhador. Eu queria ajudá-lo a sair-se bem.

Devon estava comigo havia poucas semanas, mas tínhamos nos apegado, para dizer o mínimo. Quando não estava caçando ônibus ou caminhões, queria apenas estar comigo. Sua devoção era estabilizadora; sua afeição, reconfortante.

Agachados em nosso canto de garagem, ele era todo carícias, lambendo-me e oferecendo a barriga para coçar. Retirei meu cinto e o amarrei à coleira, improvisando uma guia curta.

Após um momento de descanso, saímos furtivamente, atravessamos a rua e escondemo-nos em outra garagem. A essa altura, Devon parecia estar entendendo o exercício: deslocar-se rápido ao meu lado, parar quando eu parava, deitar-se em silêncio.

No final do quarteirão, vislumbrei um carro de polícia, as luzes piscando, cruzando vagarosamente a rua silenciosa. Não me agradava chamar minha mulher para lhe contar que Devon e eu havíamos sido presos por molestar um ônibus escolar. Graças a Deus, as pessoas na cidade raramente trancavam suas garagens. Estávamos a três quarteirões da escola, a quatro ou cinco de casa.

Permanecemos sentados por mais de uma hora no espaço fresco e escuro, Devon um perfeito cavalheiro, quieto, cochilando um pouco. Parecia desfrutar o tempo que estávamos passando juntos. Ele já conseguia me entender bem. Quando eu me aborrecia com ele — acontecimento não raro —, podia ser muito bem-comportado.

Que situação absurda, pensei. E ainda assim era uma espécie de aviso, um golpe de realidade. Se eu quisesse conservar aquele cachorro, precisaria aprender muito mais do que sabia, fazer muito melhor do que o que estava fazendo.

A casa de minha amiga Nancy ficava do outro lado da rua. Espreitei em ambas as direções, não vi nenhum policial. Conduzindo Devon pelo cinto, segurando as calças com uma das mãos, atravessei a rua às pressas e bati em sua porta dos fundos. Surpresa, ela nos deixou entrar. Devon imediatamente saiu correndo atrás da gata, caçando-a sob o sofá da sala.

Quando o agarrei e contei a Nancy o que havia acontecido, ela desatou a rir. Era a história mais ridícula que já ouvira, declarou.

— Vá para casa — disse ela. — Eles não vão atirar em você.

— Isto é sério — insisti. — A polícia está à nossa procura. Eles vão levar o cachorro. Ele parou um ônibus escolar.

Ainda incrédula, mas sabendo como eu já me sentia em relação àquele estranho border collie, ela compreendeu nossa dificuldade. Mais de um vizinho olharia para o outro lado e não nos ajudaria naquela fuga.

Meia hora mais tarde, Devon e eu estávamos deitados no chão da minivan de Nancy, um cobertor estendido sobre o cachorro. Ela parou diante de minha porta dos fundos. Carregando o cão sob o cobertor, corri para dentro e o coloquei em uma caixa no porão. Então deixei meus dois labradores amarelos, Julius e Stanley — dóceis e comportados —, no quintal. Nenhum saqueador de ônibus escolares aqui, oficial.

Minutos mais tarde, um carro de polícia passou casualmente, e o policial parou para observar os labradores quando estes, agitados, aproximaram-se pesadamente do portão. Ele sorriu, acenou e acenei em resposta. Então fui fazer uma visita a Devon no porão, alternando abraços e maldições.

Por vários dias depois disso, Devon e eu só andávamos pelo bairro antes do amanhecer ou depois do crepúsculo, ou nos dirigíamos a parques em outras partes da cidade. Não aparecemos no noticiário noturno ou mesmo no jornal semanal. Mas tivemos vida curta como foragidos suburbanos. Uma vez que ninguém se ferira, as coisas se acalmaram. Na verdade, a polícia tinha mais o que fazer.

Mas transcorreram meses antes que passássemos pela escola outra vez.

Ouvi falar de Devon pela primeira vez quando uma criadora de border collies, no Texas, enviou-me um *e-mail*. Há tempos eu era fascinado por essa raça e vinha colhendo informações com essa criadora a respeito de seus cães fazia meses, mas concluíramos — ou assim eu pensava — que os border collies não eram a escolha adequada para os subúrbios de Nova Jersey. Tínhamos razão.

A criadora lera um livro meu no qual eu descrevia brevemente minha vida com Julius e Stanley. Como todos os bons criadores, ela tinha forte intuição sobre o local para onde seus cães deveriam ir. Então voltou a entrar em contato comigo, dizendo que dispunha de um cão lindo, perspicaz, muito dominador, um cão... problemático. Intuiu que formaríamos uma parceria.

Devon tinha dois anos, era muito esperto, disse ela, e precisava de um lar. Sua vida como cão de exibição de obediência fracassara desastrosamente. Eu ainda não conhecia todos os detalhes, mas de alguma forma ele falhara e desaparecera do circuito de obediência. Agora precisava com urgência sair da cidade.

Fiquei intrigado, até mesmo atraído pela idéia, embora ignorasse a situação. Amava muito meus labradores, mas eles demandavam pouco esforço e eram fáceis de treinar — na verdade, não haviam exigido treinamento. Requeriam pouco além de caminhadas, tratos e companhia. Passeavam sem coleira e nunca fugiam, raramente latiam, adoravam crianças, mesmo aquelas que lhes puxavam o rabo ou as orelhas. Alegravam-se ao encontrar e cumprimentar corredores, jardineiros e, em especial, o pessoal que fazia entregas nas vizinhanças. Os motoristas do correio mantinham um estoque de biscoitos para eles. Às vezes — isso era um segredo — Julius e Stanley até passeavam na caminhonete com eles por uns poucos quarteirões. Os labradores teriam tantas chances de interceptar um ônibus escolar quanto de dar um salto até a lua.

Eu não conseguia explicar a minha mulher, Paula — devidamente cética quanto à lógica de deslocar um border collie problemático até o norte de Nova Jersey —, por que desejava esse outro cachorro.

Eu mesmo não sabia. Era apenas um sentimento.

Alguns dias mais tarde, Devon chegou ao Aeroporto de Newark. Em alguns círculos, essa parte da história já é bem conhecida.

Entendendo pouco a respeito desse tipo de cão, abri a porta da caixa de transporte para saudar o recém-desembarcado Devon e acabei sentado no chão, chocado, ouvindo os gritos dos viajantes no vasto Terminal C enquanto aquela criatura preta e branca, que se assemelhava a um lobo, pulava de uma esteira de bagagens para a seguinte. Logo a polícia alfandegária saiu em seu encalço. Quem sabe um aviso.

Quando Devon chegou, eu levava uma vida agitada em Nova Jersey, escrevendo livros, artigos para revistas e colunas *on-line*, algumas sobre tecnologia e Internet.

Minha mulher era jornalista, trabalhava para *The Washington Post*, e passava muitos de seus dias indo e voltando de Nova York, aproximadamente 25 quilômetros a leste de nossa cidade.

Durante anos, minha vida havia se estruturado em torno dos cuidados com nossa filha: levá-la à escola e às inumeráveis aulas, encontros e atividades que constituem a vida das crianças suburbanas contemporâneas nos Estados Unidos. Então ela se encaminhara alegremente para a faculdade e esse papel havia terminado. Deixou um grande vazio.

Eu vivia rodeado de pessoas, embora fosse íntimo de poucas. Tinha alguns amigos, mas, como muitos homens, pouca coisa significativa ou honesta para lhes dizer. Minha conturbada família de origem havia morrido ou se separara; o próprio conceito "nossa família" se desintegrara.

Como muita gente, havíamos nos mudado para o subúrbio para criar nossa filha, em grande medida por não conseguirmos arcar com as despesas de viver na cidade de Nova York. No entanto, sentia-me fora de sintonia ali, um bicho raro em um lugar que parecia terrivelmente correto. Eu não me importava com casas ou gramados, e odiava a intensidade da obsessão por crianças, ainda que freqüentemente me sujeitasse a isso.

Achava-me no auge da meia-idade, descobrindo que muitos dos clichês são verdadeiros: o tempo tornara-se um conceito finito. Eu ainda não era velho, mas tampouco dispunha da eternidade para fazer as coisas que queria e ainda esperava fazer. Acima de tudo, não desejava me acomodar a uma vida de rotina, passividade e rituais sociais e culturais. Não queria estagnar. Via-me passando meus últimos anos confortavelmente em Nova

Jersey, pigarreando com desaprovação ante a idéia de mudança, levando os cachorros para passear quatro ou cinco vezes por dia, indo ao cinema às sextas-feiras, escondendo-me em meu porão na tentativa de escrever — e não conseguia suportar tal pensamento.

Eu estava me tornando uma dessas pessoas.

A vida parecia escorrer por entre meus dedos enquanto eu escrevinhava e hesitava, e comecei a acreditar que o julgamento ofensivo e freqüente que meu pai fazia de mim na infância era correto: eu não estava vivendo à altura de meu potencial.

Na verdade, eu tinha um pesadelo recorrente no qual desabava com um ataque cardíaco em um de meus inumeráveis passeios com os labradores pelas vizinhanças.

Eu desejava — precisava — que minha vida mudasse, e ela certamente mudou. O cão chamado Devon aterrissou no meio de meu drama mundano e medíocre de classe média, como um míssil perseguindo o calor. Tive — e ainda tenho — muitos cães, aos quais amei profundamente quase sem exceção, mas, até agora, apenas um em minha vida foi poderoso o bastante para promover a drástica mudança que ele deflagrou, para falar de forma tão direta, ainda que inconsciente, em meu coração.

Devon era instintivo, dominador — à maneira dos border collies bem-nascidos — e explosivo. Como descobri aquele dia na escola, era impossível simplesmente conviver com ele, como com certos cães; era necessário reagir a ele. Como todos os border collies, Devon precisava trabalhar. Durante algum tempo não percebi que eu era o trabalho que ele encontraria.

Lembrando aquelas primeiras semanas que passamos juntos, às vezes penso que ele se preparou para enfrentar, uma a uma, todas as questões que me inquietavam e desafiavam — trabalho, amigos, movimento e imobilismo —, embora eu tenha escrito e argumentado e ainda acredite que, na realidade, isso não seja possível, que cães não conseguem pensar dessa forma ou se preparar para alcançar tais objetivos. Contudo, não posso negar o que ele ocasionou, mesmo que ainda não consiga compreender muito bem.

Desde o começo, amei aquele cão com um sentimento que está além das palavras — algo estranho para ser dito por um escritor. Ele era uma criação de meu próprio inconsciente, no sentido de que alguns animais penetram nas partes mais profundas da vida das pessoas afortunadas. Tudo que aconteceu depois que ele entrou em minha vida foi inesperado e surpreendente.

O cão chamado Devon chegou irradiando conflito e mistério. Todas as vezes que superávamos um drama ou perseverávamos em meio à alegria ou à aflição, eu pensava que minha vida com ele havia por fim entrado em um período de previsibilidade e quietude.

Sempre me enganava.

Orson.

Capítulo um

Um cão chamado Orson

Carolyn Wilki ordenou a nós cinco que nos espalhássemos e posicionássemos em círculo no pasto, com nossos cães. Formávamos um grupo estranho, uma heterogênea mistura de amantes de cães e nossos ansiosos border collies e pastores alinhados perto de uma antiga casa de fazenda de pedra, no leste da Pensilvânia, sob um resplandecente sol de verão.

As outras quatro pessoas seguiram as instruções, junto com seus cães. Eu não.

Devon e eu estávamos em nosso terceiro mês de trabalho com Carolyn, uma pastora de ovelhas e behaviorista de cães respeitada e dogmática. Ela sugerira que nos juntássemos àquela aula de pastoreio, além de nossas aulas semanais. Assim havíamos feito, temerosos. Em geral não sou sociável, não tenho bons antecedentes com grupos. E Devon tampouco era um cão que brincasse bem com os demais.

Logo que a maioria de nós assumiu posição, Carolyn trouxe sua antiga caixa de metal cheia de pequenas figuras de cães, ovelhas e cercas. Gemi.

Carolyn gostava de seus animais de brinquedo, que me mostrara em nossa primeira visita, e adorava demonstrar o balé que constituía o pastoreio de ovelhas — a pessoa, o cão e a ovelha, todos se movendo em função uns dos outros. Ela traria sua caixa para fora e depositaria cuidadosamente os componentes nas posições apropriadas sobre uma mesa de piquenique ou na grama. Então descreveria movimentos de vigilância e treinamento, como um técnico da Liga Nacional de Futebol americano diagramando padrões complexos de ataque. As folhas de papel que entregava aos alunos quando a aula terminava continham Xs e Ds, pequenos desenhos e setas. Os Xs eram os cães, os Ds eram pessoas. Se os Xs fossem para um lado, explicava ela, então os Ds teriam de ir para o outro. Em geral, as ovelhas eram os pequenos desenhos.

Devon e eu raramente estávamos onde deveríamos estar. Ele pastoreava ovelhas da forma como pastoreava ônibus escolares — vigorosa, impulsiva e explosivamente. Ao menos a ovelha podia correr.

Nenhum de nós dois era especialmente bom nessa representação de papéis. Eu era avesso a receber ensinamentos, detestara quase todas as aulas e professores que tivera, e a satisfação fora recíproca. O pobre sr. Hauser de fato chorara diante de minha mãe quando tive de assistir a sua aula de matemática pela terceira vez. Nenhum de nós dois suportava a idéia de outra rodada. Questões ligadas a autoridade continuaram a me atormentar durante minha vida adulta. Um dos motivos pelos quais me convinha ser escritor era que a maior parte do tempo o único imbecil que eu tinha de suportar era eu.

Devon apresentava questões similares ligadas a ordens e obediência. O treinamento tanto o aborrecia quanto excitava, e era pouco provável que aprender a pastorear ovelhas fosse uma exceção.

— Você é uma ovelha — informou-me Carolyn, apontando para um D em seu diagrama, e posicionando uma de suas minúsculas ovelhas de plástico branco ao lado de uma cerca de brinquedo. — Vai ficar aqui e esperar que um cão se aproxime de você — disse ela, gesticulando em direção a uma mulher de oitenta anos que usava chapéu de aba larga e conduzia um pastor de Shetland apavorado na coleira.

Todos os outros pareciam receptivos, até mesmo entusiasmados, para realizar os movimentos de pastoreio. Mas eu não queria ser uma ovelha. Devon ergueu os olhos para mim com curiosidade; eu sabia que tampouco havia meios de que ele fizesse isso.

Na verdade, ele de repente investiu contra o pastor de Shetland, perseguindo-o sob a caminhonete de Carolyn. Arrastei-o de volta, obriguei-o a deitar-se e ele se acalmou para observar os procedimentos.

Quando Carolyn continuou a dar instruções, sussurrei — esperando evitar uma cena — que não queria ser uma ovelha ou tomar parte naquele jogo. Carolyn não aturava tolos ou rebeldes de bom grado.

— Não me interessa o que você quer — murmurou. — Faça. Vai ser bom para você.

Não consegui. Tão incapaz de ser submisso quanto aquele estranho cachorro que agora possuía, informei a Carolyn que aquela não era a aula certa para mim. Devon e eu escapulimos para nosso quarto (a fazenda de Carolyn é uma pousada, bem como centro de treinamento) para pensar. Coloquei Devon em sua caixa e me deitei. Do lado de fora da janela, eu podia ouvir os “cães” e “ovelhas” fazendo seus exercícios enquanto Carolyn dava sugestões e criticava as condutas. Assim como muitas vezes desejava um cão mais dócil, eu também desejava ser uma pessoa mais submissa. A vida seria mais tranqüila.

É um ponto de honra entre os adestradores que os problemas dos cães são quase sempre seus donos. Meu cão e eu éramos ambos impulsivos, impacientes, propensos à distração e inquietos. Por isso estávamos ali.

Carolyn era uma adepta ferrenha do treinamento de reforço positivo, método que enfatiza o reforço dos comportamentos adequados e desejados, e geralmente rejeita técnicas negativas e coercitivas como gritar, bater ou reações ainda mais violentas.

O reforço positivo exerce pressão sobre a pessoa, em vez do cão, para que ela suprima a raiva e a impaciência, e basicamente enaltece ou sinaliza bons comportamentos — com elogios, comida, dispositivos sonoros, o que quer que funcione. Requer muita gente; as pessoas precisam ter uma ampla visão do treinamento e reprimir alguns de seus mais fortes impulsos. Para alguém nada positivo como eu, era difícil — especialmente com um cão como Devon, que desafiava diariamente minha paciência.

Uma tarde ele escapou do quintal em Nova Jersey (não faço idéia de como) e logo depois ouvi a àquela altura já familiar gritaria e tumulto na rua e fui correndo para fora. Devon interceptara meia dúzia de adolescentes de Jersey em *skates*, reunira-os em um pequeno grupo no centro da rua — os *skates* voando em todas as direções — e manteve todo mundo ali até que cheguei.

Carolyn não teria aprovado minha reação, que não foi nada positiva. Gritei para que Devon se afastasse dos garotos, desculpei-me profusamente e fugi para dentro de casa, rebocando Devon. As crianças acharam divertido; quando chegassem em casa, seus pais não achariam.

Reconhecendo que precisava de ajuda com Devon, um desafio muito maior do que meus ternos labradores, comecei a levá-lo a Raspberry Ridge, junto com Homer, meu border collie mais novo. Homer tampouco parecia destinado a ser um especialista em pastoreio, mas era muito mais atento e manejável do que Devon.

Carolyn freqüentemente declarava-se surpresa por eu haver prosseguido com as aulas de Devon; na verdade, confessou, duvidava que eu voltasse depois da primeira sessão. O que fora assinalado pela perseguição de Devon a suas aterrorizadas ovelhas em torno de um pasto cercado. A verdade é que nunca pensei em deixar Raspberry Ridge. Com o tempo, tornamo-nos habituais.

Desde a primeira vez que percorremos o longo acesso de veículos coberto de cascalho, senti-me atraído pelo local. Carolyn possuía uma antiga casa de fazenda de pedra, um celeiro gigantesco, um depósito de sucata, talvez duas centenas de ovelhas e carneiros, um asno velho, mais ou menos uma dezena de cães e mais de 28 hectares de grama, prados e florestas.

Carolyn vivia no andar superior da residência. Os convidados e visitantes ocupavam os quartos da pousada no andar de baixo. Ela mantinha caixas por toda a casa, nas quais seus cães pegureiros — border collies e pastores — dormiam enquanto esperavam para trabalhar, exercitar-se ou brincar.

Esses cães trabalhadores, vim a descobrir, levavam uma vida muito diferente da de meus cães. Carolyn os soltava várias vezes por dia para se exercitar e fazer suas necessidades, mas, em geral, ficavam fora das caixas apenas para treinar ou pastorear ovelhas. Enquanto estavam fora, Carolyn colocava uma xícara de ração em suas caixas para que comessem quando voltassem. Perguntei-lhe certa vez se deixava luzes acesas para os cachorros quando saía, e ela me olhou com ar curioso.

— Para quê? Eles não lêem.

Eram cães felizes apesar de tudo, adaptados e obedientes, sociáveis com outros cães e com pessoas. A partir do exemplo de Carolyn, eu estava aprendendo a respeitar a verdadeira natureza dos cães: eles são maravilhosos, mas ainda assim são animais e não são nem mesmo os mais complexos. Ela não os via como uma versão de seres humanos dotada de quatro patas, e infeliz do aluno que o fizesse.

Apesar disso, eles estavam por toda parte. Se alguém fosse de encontro a um sofá, ele poderia rosnar ou cair. Parte do time era composta de filhotes; alguns eram estranhos cães resgatados.

O líder do grupo de cães trabalhadores era Dave, um venerável border collie escocês de pêlo curto, que tocava a fazenda com eficiência, deslocando ovelhas para dentro e para fora dos pastos e para os cercados de treinamento, para as aulas e o trabalho com rebanhos. Dave era um camarada impressionante. Certa vez vi um quase-motim estourar durante uma competição de pastoreio quando uma ovelha chocou-se contra uma cerca ao lado do estacionamento, que enxameava de cães, espectadores, carros, *trailers* e barracas de comida. Carolyn me pediu aos gritos que corresse para dentro — a caixa de Dave ocupava o lugar de honra em seu escritório — e o soltasse.

Quando abri a caixa, Dave prontamente correu para a porta da frente, empurrou a porta de tela e abriu caminho por entre os cães, ovelhas e pessoas enlouquecidos. Reuniu o rebanho e, seguindo instruções de Carolyn, deslocou-o em direção ao acesso de veículos e a um pasto nos fundos, manobrando-o por entre espreguiçadeiras e barracas, cães latindo e toda a parafernália de uma competição. Ele manteve as ovelhas no local até que Carolyn chegou para fechar o portão do pasto. Então, saiu trotando direto para casa, abriu a porta de tela com o focinho e voltou para sua caixa. Dave era o anti-Devon, tão centrado quanto Devon era excitável, tão obediente quanto Devon era indiferente, tão útil quanto Devon era problemático e imprevisível. Disse a mim mesmo que ele era menos interessante também.

As paredes dos corredores de Carolyn eram repletas de bengalas de pastor, cordas e laços, lanternas e utensílios para chuva. Ela amava os cães da forma como o fazem os grandes adestradores, respeitando sua natureza animal, compreendendo seus motivos simples e por vezes estúpidos, aceitando-os como eram, em lugar de tentar transformá-los em versões de nós mesmos. As marcas de seu sucesso com tal abordagem também eram abundantes: as paredes achavam-se ornamentadas com faixas e prêmios de competições.

Ainda assim, ela passava a maior parte do tempo trabalhando com cães menos aclamados e seus desesperados donos. Cães problemáticos provenientes dos quatro cantos do país subiam seu caminho de acesso de veículos. Lembro-me de dois jovens recém-casados que chegaram com um schnauzer que pertencia à noiva. O noivo estava coberto de ataduras. Ao que parece, todas as vezes que ele tentava tocar a mulher, o cachorro o mordia.

Por que, perguntou alguém, eles não se livravam do cachorro? A noiva mostrou-se incrédula.

— Amo meu marido, mas este cão está comigo há anos.

Carolyn prescreveu um novo e elaborado sistema, no qual toda a comida vinha das mãos do marido, e apenas quando o cachorro estava calmo e bem-comportado. Qualquer rosnado ou mordida significava que o cão não comeria. O casal permaneceu em Raspberry Ridge por uma semana. Quando foi embora, o cão cochilava carinhosamente no colo do marido e o casamento estava salvo.

Eu era freqüentemente designado como "isca de cachorro" por um fim de semana: aproximava-me de um cão agressivo com uma sacola de bolinhos de carne, para ver até onde conseguia chegar antes que o cão perdesse o controle. Bolinhos de carne e outros itens fedorentos eram um ponto central no treinamento de cães em Raspberry Ridge. Quando um cão agressivo estava presente, todos nos muníamos de bolinhos de carne e começávamos a nos aproximar do cão, mantendo certa distância, atirando bolinhos de carne, chegando um pouco mais perto a cada vez. O cão desandava a latir, mas, à medida que os bolinhos de carne começavam a cair do céu, ele se acalmava e provavelmente repensava sua hostilidade com relação às pessoas.

Permanecer na pousada de Carolyn com Devon e Homer era uma aventura. Às vezes, quando eu levava os cães para fora, ouvia Carolyn ou alguém gritar "Corra!", e percebia que um cão agressivo em reabilitação estava solto. Mergulhávamos para dentro novamente, batendo a porta quando uma criatura com ar feroz chocava-se pesadamente contra ela. Eram experiências incomuns para mim, porém úteis para Devon, que se tornou mais relaxado na fazenda e parecia se perturbar menos.

O verdadeiro coração da fazenda de Carolyn era a cozinha, onde salsichas e iguarias caninas estimulantes espalhavam-se pelas bancadas, junto com coleiras, revistas e livros, formulários de inscrição em competições, cheques dos alunos (Carolyn, pouco detalhista, freqüentemente os deixava jogados durante meses), guias e brinquedos para cães.

Bules de café estavam sempre fumegando, e o tempo todo havia pessoas envolvidas com cães sentadas ao redor da grande mesa de madeira. Devon e eu éramos sempre bem-vindos, e ele aprendeu a gostar de contornar a mesa, indo de um em um, colecionando tapinhas e guloseimas. Cães problemáticos eram comuns e valorizados à mesa. Mesmo que não conseguíssemos levar nossos cães a muitos lugares, sempre podíamos levá-los para lá. Embora Devon nem sempre se saísse bem, era sempre aceito.

Assim como eu. Ali, eu podia ser eu mesmo. Vim a apreciar mais os prazeres rurais. Comecei a pernoitar na fazenda, mesclando nossas aulas com o costume de levar o rebanho para fora para pastar. Ajudava no parto das ovelhas na primavera, lançava feno para o rebanho no inverno. Conheci e fiz amizade com uma jumenta chamada Carol.

Também comecei a acompanhar Carolyn às feiras escocesas organizadas na região nos fins de semana. Ela recebia uma ninharia por tais apresentações, mas adorava exibir e manter viva a arte de pastorear ovelhas.

Amontoávamos vários cães e meia dúzia de ovelhas em sua picape, junto com feno, água e cercas provisórias, e partíamos para as demonstrações de pastoreio. Os moradores dos subúrbios adoravam ver Dave conduzir o rebanho através de parques e campos. Entre as apresentações, Carolyn e eu, como barraqueiros antigos no circuito, podíamos nos reclinar em espreguiçadeiras, conversando bobagens a respeito de cães.

Embora as feiras fossem brincadeira de criança para Dave, o público, assombrado, reagia como se estivesse nas Olimpíadas. Eu entendia: há algo de profundamente belo e comovente em ver cães executarem esse trabalho tradicional. Devon não podia pastorear em tais situações — perigoso demais —, mas gostava muito de ir, e era muito abraçado e admirado. Mesmo dentro dos limites seguros de Raspberry Ridge, seu progresso em pastoreio era, no mínimo, irregular. Tínhamos muitos dias frustrantes e perturbadores, junto com nossos momentos de triunfo.

Devon ainda não era suficientemente confiável para agrupar as ovelhas, mas se eu o colocasse em uma guia, as ovelhas se moveriam à nossa frente. Conseguíamos levá-las para o pasto e então assumir posições entre o rebanho e a estrada.

Muitas vezes estava frio demais, ou muito quente e repleto de insetos, mas, se saíamos bem cedo pela manhã, quando o pasto estava freqüentemente coberto de orvalho e neblina, sentávamo-nos lado a lado durante horas, Devon tão tranqüilo quanto eu jamais o vira, escutando as ovelhas triturarem a grama.

Entretanto, quando era hora de reunir os animais para voltar ao celeiro e eu o libertava, ele encaminhava-se direto para o meio do grupo, todo o treinamento esquecido, dispersando as ovelhas em todas as direções.

Homer possuía mais características de cão pastor, era mais calmo, capaz de deslizar para trás das ovelhas e deslocá-las. Possuía mais instintos protetores também; localizava um cordeiro recém-nascido na floresta, ajudava a reunir o rebanho em meio a uma nevasca.

Embora também tivesse problemas. Homer era pequeno e pouco robusto para um border collie, portanto tinha dificuldade para se colocar diante das ovelhas e girar o rebanho. Tendia antes a usar a boca, e quando ficava excitado, agarrava a ovelha pelas pernas — uma transgressão grave. Deixava-se intimidar facilmente. Seu azar fora crescer como irmão mais novo do "cão infernal". Devon aterrorizava cruelmente o pobre Homer, tomando à força seus brinquedos e sua comida, imobilizando-o no chão quando ele se aproximava de mim. Se seu irmão canino conseguia dominá-lo, um carneiro ou uma ovelha raivosos conseguiriam igualmente intimidá-lo.

Eu sabia que nenhum dos dois cães daria um excelente cão trabalhador como Dave — eles já eram velhos demais, já haviam percorrido um longo trecho em sua trajetória de animal de estimação. E eu não tinha conhecimentos suficientes para treiná-los bem. Se fosse, em algum momento, levar a sério o pastoreio de ovelhas, precisaria de um cão com linhagem de pastor e teria de aprender muito mais.

Mas persistimos. Em Raspberry Ridge, vimos um impressionante desfile de cães que mordiam, mastigavam, latiam e em outros aspectos desafiavam os limites do amor e da responsabilidade de seus donos. Carolyn aceitava um cão problemático após o outro, desfilando pela fazenda de chapéu e capa australianos frouxos, os bolsos repletos de carne malcheirosa, analisando tanto o comportamento canino quanto o humano, oferecendo sugestões e instruções. Os cães lhe prestavam atenção. Ela os entendia e a seus pontos fracos, até mesmo quando se frustrava com seus donos.

No caso de Devon, Carolyn acreditava que "o mundo não fazia o menor sentido para ele". Eu estava de acordo. Devon enfrentava uma constante tensão entre ser ele mesmo e tentar ser o que o mundo queria que ele fosse. Estava sempre lutando para compreender as situações, sempre fazendo escolhas, em geral as erradas. Eu sentia que pastorear ovelhas poderia ajudar a torná-lo mais estável.

Carolyn mantinha nossas aulas breves e focadas. Normalmente levávamos Devon para dentro de um cercado com algumas ovelhas e tentávamos induzi-lo a mover-se com tranqüilidade em torno delas. Ele normalmente falhava.

Complementávamos isso com exercícios de fundamentação e obediência — deitar, ficar, voltar. Contato visual. Reconhecimento do nome. Vezes sem conta. Era enfadonho, frustrante. Na verdade, eu não estava preparado para a repetitividade e a demora do treinamento apropriado de um cão, sobretudo com um aluno já estragado. Desejava que o treinamento fosse rápido e indolor.

Ao contrário, era difícil e desafiador. A destreza de Devon no pastoreio de ovelhas melhorava apenas esporadicamente, e eu raras vezes podia chamá-lo de obediente. Mas ele adorava trabalhar comigo e começou a se acalmar. Embora nosso progresso fosse lento, eu acreditava que havia esperança, que estava aprendendo o suficiente sobre cães para treiná-lo e, portanto, mantê-lo.

Eu sabia que meus problemas eram tão arraigados quanto os dele. Sentia-me furioso e frustrado e gritava com Devon. Carolyn apontava repetidamente que ele não se acalmaria até que eu o fizesse, mas essa era uma lição dura de traduzir em palavras e ações. Vim a compreender que cães como Devon alimentam-se de nossa atenção sobre eles. Quanto mais apoplético eu me tornava quando ele não se comportava, mais eu reforçava seu mau comportamento. Ainda assim, por vezes era impossível permanecer calmo.

Certa vez, no pasto, ele partiu para cima de uma ovelha, agarrou-lhe a perna e tentou derrubá-la. Mesmo a alguma distância, pude perceber que ele tirara sangue do animal e fiquei horrorizado, furioso. Parti para cima dele, agarrei-o pela coleira e gritei "Não!", "Mau!" e outras coisas inúteis que pessoas frustradas gritam para seus cães. Eu sabia que a coisa certa a fazer era ignorar a agressão e a mordida, esperar que Devon se acalmasse perto da ovelha e então o elogiar. Mas não tenho certeza se algum dia serei capaz de ter tamanho autocontrole em um momento como esse.

Devon congelou, assustado e encolhido, enquanto a ovelha fugia correndo. Quando vi seu olhar, parei de gritar e puxei-o em minha direção, tão aborrecido comigo mesmo quanto com ele. Eu sabia que aquela explosão minaria nosso trabalho juntos. Sabia que ele não conseguia evitar. Detestei ver a ovelha sangrando e mancando, mas também detestei ter gritado com ele, detestei a raiva e frustração que senti. Era para isso que estávamos indo até lá? Para que eu o ameaçasse até a submissão?

Embalei Devon nos braços como um bebê enquanto ele lambia meu rosto.

— Vou tentar nunca mais fazer isto outra vez — prometi. — Vou tentar ser diferente.

Contei a Carolyn o que havia acontecido e, com seu jeito brusco habitual, ela declarou que eu havia feito as coisas regredirem meses.

— Mas acontece. Infelizmente, você é humano — disse.

As pessoas, enfatizou, simplesmente não entendem que cães confrontados com raiva e ameaças possuem apenas duas opções: lutar ou fugir. Quando alguém os espanca ou intimida, eles podem fazer uma coisa ou outra, mas não aprendem.

Ainda assim, foi lá, no espaço de Carolyn, que realmente me habituei a realizar esse antigo trabalho com cães, embora o aprendêssemos a duras penas. E ali aprendi a amar os rituais e rotinas de uma fazenda. Mas também foi em Raspberry Ridge que penetrei — ou talvez tenha mergulhado — no mundo dos amantes de cães.

Sentávamos ao redor da mesa da cozinha durante horas — Carolyn, seus amigos e alunos, o desfile incessante de pessoas ligadas aos cães que se encaminhavam à fazenda — tagarelando a respeito de nossos animais, nosso treinamento, o que funcionava e o que não funcionava. Quase todo mundo possuía um cão tipo Devon, um animal que amavam profundamente, mas com o qual lutavam para conviver.

Éramos externamente diferentes — rurais e urbanos, homens e mulheres, velhos e jovens, médicos e fazendeiros. Nunca conversávamos sobre política, trabalho ou o mundo lá fora. Poucos de nós levavam os companheiros ou os filhos. Aqueles eram dramas que envolviam apenas nós e nossos cães. Partilhávamos histórias de horror e triunfos; discutíamos sem cessar a respeito de alimentação e veterinários, coleiras, filhotes e treinamento. O que surtia efeito? O que havíamos aprendido que poderia ser útil para os outros? Até onde estávamos dispostos a ir?

Certa manhã, na hora do café, surpreendi a mim mesmo ao perguntar de repente:

— Quantos de vocês vêm de famílias problemáticas?

Todas as mãos se ergueram. Não insistimos no assunto, ainda que me ocorresse — além de outras coisas que eu estava começando a entender ali — que a geografia emocional entre as pessoas e seus cães era complicada e intrigante.

Confiança e comprometimento faziam com que todos voltássemos aos campos de Carolyn — às vezes completamente secos do calor, às vezes gelados e tristes — para trabalhar hora após hora, semana após semana, com nossos cães. Alguns vinham correndo alegremente quando seus donos chamavam. (O meu não.) Alguns pastoreavam ovelhas de forma hábil e instintiva. (Não o meu.)

Mas nenhum de nós estava propenso a desistir de nossos cães. No mínimo, meu amor por Devon se aprofundou à medida que lutávamos para trabalhar juntos e entender um ao outro. Comparecíamos a sessões semanais, sessões de fins de semana e acampamentos de treinamento especial, com uma semana de duração. Escoltávamos as ovelhas para fora do pasto vezes sem conta.

Nunca consegui aprender divisão longa, mas assuntos relativos a cachorro nunca eram demais para absorver. Desde o princípio, Carolyn contestou minha opinião de que Devon era um adolescente rebelde, mostrando o quão estressado, confuso e excitado ele ficava com toda a minha gesticulação, gritaria e ignorância espalhafatosas. Vim a entender que treiná-lo dizia menos respeito a sua obediência do que a minha capacidade de me tornar um ser humano melhor, menos irritado e exigente, mais paciente e claro.

Vi que havia muitos sucessos, mas também montes de fracassos. Em alguns casos, Carolyn conseguia descobrir um mecanismo simples para recuperar um cão. Muitos deles deixavam a fazenda em poucos dias, com seus problemas acentuadamente atenuados.

Mas às vezes levava anos. Às vezes nunca acontecia. As pessoas ficavam sem dinheiro, sem tempo ou energia emocional. Os cães desapareciam, eram dados ou, em casos extremos, sacrificados. Ainda assim, trabalhávamos com afinco. Éramos generosos, elogiando os cães de outras pessoas, encorajando uns aos outros, torcendo para que os cães e seus donos se saíssem bem. Devon e eu nos uníramos a uma família.

O treinamento começou a ocupar grande parte de minha vida, Devon, Homer e eu disparando ida e volta pela rodovia I-80. Levávamos mais de uma hora apenas para chegar à fazenda a partir de nossa casa, e as sessões de treinamento ocupavam grande parte da tarde ou da noite.

Eu tinha um objetivo razoável: queria que Devon ganhasse ao menos uma faixa de pastoreio antes que encerrássemos. Na verdade, eu não me preocupava com troféus, mas ser aprovado em uma competição para iniciantes era um ponto de referência, um teste do que eu conseguia aprender e ensinar, do quanto era capaz de mudar. E queria que Devon fosse — e se sentisse — um vencedor, apenas uma vez. Então, em minha fantasia canina, nós nos despediríamos para viver a vida normal de uma pessoa e seu adorado animal de estimação.

Longe de Raspberry Ridge, meus meses com Devon continuavam tumultuados. Ele atravessou uma janela de vidro chumbado quando um entregador do correio entrou na varanda da frente. Perseguia cães, gatos e animais selvagens. De alguma forma aprendeu a abrir a porta de nossa geladeira, roubando caixas de hambúrgueres de frango e peru, comendo com esmero o conteúdo e escondendo estrategicamente a embalagem pela casa, debaixo do sofá ou atrás de uma cadeira.

Certa manhã, cumprindo algumas tarefas, comprei para Paula um sanduíche na delicatéssen do bairro. Devon foi junto, como sempre. Depois de pegar o sanduíche e guardá-lo no carro, parei na loja de ferramentas e no correio. Chegando em casa, descobri que o sanduíche estava intacto — a não ser pelo presunto, que havia desaparecido.

Nossos passeios eram um drama. Durante anos, meus labradores e eu perambulamos pela vizinhança, Julius e Stanley detendo-se para cumprimentar seus muitos admiradores e cheirar um arbusto ocasional, enquanto eu aproveitava a ocasião para pensar nos meus escritos. Os cães exigiam pouca vigilância.

Devon, entretanto, esperava até que eu me distraísse, então arrancava a guia de minha mão e invadia jardins para roubar comida de churrasqueiras, pastorear cãezinhos de estimação apavorados ou perseguir esquilos.

Aos poucos, nossa casa transformou-se em uma instalação canina de segurança mínima. Fechaduras à prova de crianças apareceram na geladeira e nas portas do aparador, painéis de acrílico sobre o vidro chumbado, cordas elásticas fechando os armários embutidos. A paz finalmente surgiu, em certa medida, quando comprei algumas caixas de transporte e passei a colocar Devon dentro de uma delas sempre que eu saía de casa.

Em todo caso, era difícil ficar zangado. Ele era extraordinariamente amoroso. No carro, adorava apoiar a cabeça em meu ombro, como se estivesse pilotando. Enquanto eu trabalhava, enroscava-se a meus pés.

Devon estava sempre me observando e estudando, consciente de cada movimento meu, empenhado em manter-se a poucos centímetros de distância. No entanto, nossos muitos momentos de apego e afeição eram pontuados por repetidos acessos de comportamento endiabrado.

Seu primeiro ano comigo proporcionou quase uma vida inteira de experiências caninas. Meus dois labradores, Julius e Stanley, haviam morrido; Stanley de doença cardíaca, Julius de câncer. Homer foi minha tentativa de preencher o vazio. Mas no final de um ano, comecei a me perguntar se conseguiria viver uma existência pacífica e feliz com Devon.

Minha primeira tentativa de obter para Devon uma faixa em uma competição de pastoreio não deu certo. Ainda mais agitado do que o normal por causa do público, os outros cachorros e a tensão da competição, ele conseguiu derrubar o juiz. As aterrorizadas ovelhas rebentaram o portão do curral e correram para se proteger.

— Obrigado — disse o juiz, que era o código indicativo de "Suma daqui, você está desclassificado". Também fui repreendido por emitir comandos inadequados como "*Pegue* essas merdas dessas ovelhas", considerados inconvenientes para eventos esportivos familiares. Apesar da estréia humilhante, reorganizamo-nos e decidimos tentar novamente na competição seguinte, seis meses mais tarde.

Foi durante uma de nossas inúmeras e em grande parte malogradas tentativas de fazer com que Devon se deitasse perto das ovelhas e permanecesse calmo que Carolyn percebeu uma coisa: sempre que eu dava a Devon uma ordem usando seu nome, ele reagia sobressaltando-se, ofegando, encolhendo-se ou vacilando — todos sinais de estresse canino.

Devon não se sentia especialmente atraído pelas sessões de treinamento, mesmo quando havia comida envolvida ou aquela voz animada que muitos adestradores recomendam e que detesto. Alguns cães submetidos a treinamento de obediência, disse Carolyn, associavam treinamento a desprazer, e Devon parecia ser um deles. Treinar tornava-o ansioso, como se esperasse que algo ruim fosse lhe acontecer.

Que tal mudar o nome dele?

— Vamos começar de novo — sugeriu ela. — Então você pode treiná-lo de forma mais positiva, sem nenhuma bagagem.

Era uma idéia estranha. Mudar o nome de meu cachorro? Aquilo não iria apenas confundi-lo?

— De modo algum — disse Carolyn, enfatizando que milhões de cães resgatados são alegremente realocados e renomeados todos os anos.

Eu realmente não via Devon como um cão maltratado ou como um cão resgatado. Considerava o termo desgastado, disse-lhe, muitas vezes uma desculpa para pessoas que não treinavam seus cães, preferindo, em vez disso, encará-los como criaturas dignas de compaixão e indefesas.

Devon não era digno de compaixão, argumentei. Era violentamente independente, atlético, brilhante e intenso. Embora tivesse tido sua quota de problemas, eu não queria pensar nele (ou em mim mesmo) como incapaz ou patético.

— Olhe, ele demonstra todos os sinais de estresse quando você fala com ele — retrucou Carolyn. — Muito disso provavelmente tem a ver com o que aconteceu antes que você o pegasse. Parte disso é você e sua boca grande, sua impaciência e sua raiva. Tudo está vivo nele; ele não é um cão estúpido. Vamos começar de novo.

Na verdade, ela estava tão empolgada com a idéia que a sugeriu aos donos de um pastor de Shetland, de um pastor alemão, de um bouvier e de um border collie que também se achavam na fazenda para treinamento naquele fim de semana. Todos balançaram instantaneamente a cabeça;

aquilo lhes parecia excessivo. Mas Carolyn era, acima de tudo, uma pensadora criativa, qualidade que eu respeitava.

Por que *não* trocar o nome dele? Seja como for, Devon sempre me soara meio inadequado.

Em troca, como deveria chamá-lo? Eu sempre admirara Orson Welles, em parte por parecer outro triste exemplo de potencial não realizado.

— Certo — concordei. — Vamos tentar. Quando tempo vai levar?

Não muito, disse Carolyn sorrindo, enfiando a mão em sua sacola de bolinhos de carne. Devon sabia exatamente o que era aquela sacola e sempre se concentrava quando a mão de Carolyn se aproximava dela. Eu conseguira uma semelhante, que prendera a meu cinto, em geral repleta de petiscos à base de fígado. Devon permanecia muito mais próximo de mim nos passeios na ocasião.

Carolyn e eu pegamos nossas sacolas em um lindo dia de primavera, e enquanto a brisa ondulava o prado e o rebanho pastava sereno, revezamo-nos supervisionando aquele cão extremamente concentrado e repentinamente muito feliz, dizendo *Orson* e atirando um bolinho de carne ou uma isca de fígado em sua boca expectante.

Precisamos esvaziar a sacola dela e a minha apenas uma vez para realizar a troca. Em vinte minutos, o nome dele era Orson. Ele respondia ao nome, fazia contato visual quando eu o pronunciava e, mais importante, não o associava a nada a não ser coisas boas.

Se eu mantinha o tom de minha voz normal e animado quando dizia seu nome, não havia recuos, orelhas abaixadas ou olhos desconfiados. De repente, treinamento significava bolinhos de carne e iscas de fígado, e não raiva, decepção, estresse ou fracasso.

Não posso afirmar que ele tenha se transformado em um cão bem-comportado naquele pasto, mas começou a se tornar diferente. Olhava para mim com mais rapidez quando eu pronunciava seu nome, vinha quando o chamava, caminhava com mais atenção ao meu lado. O treinamento aparentemente começou a alegrá-lo, a ser algo que desejava realizar, em vez de fazê-lo encolher-se e esquivar-se.

Seu nome tornou-se uma coisa boa, passível de proporcionar gratificação e elogio, não punição e recriminação. Do mesmo modo, para mim, era uma oportunidade de cumprir minha promessa de fazer mais por ele.

Assim, ele tornou-se um cão chamado Orson.

❀ ❀ ❀

No outono, inscrevi Orson em uma competição de pastoreio para iniciantes, sob os auspícios do American Kennel Club, em Raspberry Ridge. Os juízes procediam dos quatro cantos do país, e os competidores e seus cães reuniam-se vindos de toda parte.

O regulamento dos principiantes era bastante simples. O concorrente e seu cão, preso a uma correia, entravam em uma pequena área cercada — de talvez 23 m de comprimento por 8 m de largura — com cones semelhantes aos de tráfego em ambas as extremidades. Livre da coleira, o cão tinha de se deitar e então, a um comando do dono, ir atrás das cinco ovelhas no redil e deslocá-las para a outra extremidade. Depois que o concorrente e o cão houvessem conduzido as ovelhas ao longo da área cercada e ao redor dos cones três vezes, o cão precisava deitar-se e esperar. Em seguida o dono o prendia e deixava o redil.

O truque era fazer com que o cão deitasse e esperasse enquanto o dono se encaminhava ao primeiro cone. O cão precisava ficar quieto, mas a pessoa tinha de continuar em movimento, caso contrário nem o cão nem as ovelhas teriam a menor idéia de onde ir e não conseguiriam entrar em um ritmo natural.

As competições para principiantes eram mais liberais, menos formais do que os outros níveis de competição. Se os juízes estivessem de bom humor, aliviariam um pouco. Ou eu assim esperava.

As ovelhas interpretam muito bem os cães e, quando vêem os loucos, movem-se rápido. Esse era um dos grandes problemas de trabalhar com Orson — no instante em que eu atravessava o portão, o rebanho lançava um olhar e começava a correr. Isso o excitava e o fazia mover-se rápido demais. Então eu começava a gritar e as coisas se deterioravam a partir daí.

Mesmo assim, encaminhei as inscrições de meus dois border collies. Homer, menos inquieto, possuía uma chance razoável de cumprir seu destino de pastor, ao menos no nível preliminar. Orson era sempre um ponto de interrogação, mas achei que deveríamos fazer outra tentativa. Uma faixa — se a ganhássemos — seria o símbolo de meu amor por ele, um reconhecimento do trabalho árduo que Carolyn, eu e Orson realizáramos.

Mesmo com um cão centrado, pastorear ovelhas é difícil. Com um cão como Orson, seria um feito memorável para nós dois.

Homer, escalado para o primeiro dia de competição, saiu-se bastante bem, como era de esperar. Efetuamos nossa marcha com tranqüilidade. Tive problemas para fazê-lo deitar-se, e ele omitiu um dos cones na terceira passagem, mas não foi hostil e mostrou-se ansioso por agradar. Juro que ele realmente parecia orgulhoso quando recebeu sua faixa verde e branca, o que significava que era um pastor qualificado, ainda que principiante.

Mas eu estava nervoso na manhã seguinte, durante a qual estava programada a competição de Orson. Cerca de cem pessoas e trinta ou quarenta cães concentravam-se ao redor da área cercada.

Orson em geral se distrairia e ficaria muito excitado perto de tantas pessoas e cães, mas estava relativamente calmo. Parecia estranhamente reinventado, ou talvez reencarnado, após a mudança de nome. Mostrava-se menos tenso. Minha comunicação com ele também mudara, estava menos carregada. Uma vez que "Orson" livrara-se das associações tristes, prestava mais atenção em mim, reagia mais rápido e parecia até mesmo gostar de nossas sessões de treinamento e da chuva de guloseimas que freqüentemente as acompanhava. Não era tanto o fato de haver se tornado um cão diferente, mas o cão que Orson realmente era começara a surgir. Eu estava mais confiante de que ele ouviria; ele mais confiante de sair-se bem.

Mas essa seria uma prova mais difícil e muito mais pública, e as guloseimas não seriam permitidas. Atravessamos o portão, Orson em uma correia de couro, e meu número, 261, afixado em meu ombro com um elástico. O juiz acenou e deu uma boa olhada em Orson.

— Belo cão — comentou.

— Deite — eu disse a Orson em tom tranqüilo. Ele obedeceu. Então ficou de pé. Em seguida deitou. Fez isso duas ou três vezes, até que dei um tapinha de leve em seu traseiro com a ponta dos dedos e disse: — Ei! Deite!

O juiz sorriu. Ao contrário de Homer, Orson não parecia à vontade no cercado, mas ao menos não estava fora de controle. Até então, razoavelmente bom. Em seguida, pedi-lhe que esperasse, dirigi-me ao rebanho e, visto que minha voz freqüentemente o excitava, usei um comando manual para ordenar que viesse em minha direção. Ele decolou como um foguete e encaminhou-se ao rebanho. Lembrando a recomendação de Carolyn de me manter em movimento, arrastei-me de um cone laranja até o outro, os cascos e as patas soando atrás de mim. O rebanho passou voando, seguido de Orson na corrida.

— Ei! — gritei, e ele virou-se e parou. — Deite. — Para minha surpresa, ele o fez. Então corri ao cone oposto, virei-me e disse: — Você está liberado. — E avancei rápido em direção ao primeiro cone e fiz a volta novamente. As ovelhas iam de um lado para o outro, embora eu tenha tido a impressão de ver Orson empurrar uma delas.

— Orson — eu disse, erguendo a mão. — *Stay!* — Ele olhou para mim, em seguida para o rebanho, então para mim — e esperou. Aproximei-me, recoloquei-o na coleira e encaminhei-me ao portão.

Não foi um desempenho elegante — o juiz lutava para não desatar a rir — mas tive a impressão de que havíamos conseguido: ele se deitara, esperara, conduzira o rebanho três vezes, deitara-se, esperara e saíra. E ninguém, pessoa ou animal, se machucara. Ainda assim, aquilo dificilmente era o pastoreio clássico. Eu sequer tinha certeza de que poderia de alguma forma se qualificar como pastoreio. Já vira juízes reprovarem cães mais refinados por infrações menores.

Aquele juiz nada disse, portanto eu não soube como nos saíramos até que todos os participantes houvessem terminado.

Quando os resultados foram anunciados, o juiz disse "261" e estendeu outra faixa verde e branca. Orson também fora aprovado no teste para principiantes. De certa forma, era um pastor. Dei-lhe um grande abraço, e ele me deu uma lambida molhada. Parecia feliz por se afastar da área de competição.

Carolyn veio correndo, deu-me um abraço e criticou meu desempenho. Eu me deslocara para o lado errado e muito devagar, disse ela, mas fora aceitável. Era prosseguir, rumo às provas intermediárias, declarou.

Contei-lhe, agradecido, que aquela era a primeira competição que eu já vencera. Era definitivamente minha primeira vitória junto com Orson, que estava adorando os tapinhas e elogios dos espectadores. Ainda assim, também fiquei feliz por me afastar.

Mais tarde, prendi Orson a uma longa coleira e levamos o rebanho de Carolyn para pastar. Escalamos a encosta com vistas para o pasto, e as ovelhas espalharam-se para comer. De minha mochila, retirei uma tigela de plástico e uma garrafa de água. Derramei um pouco para ele e bebi um pouco, então lhe dei um biscoito, enquanto comia um bolinho.

Orson suspirou e estendeu-se ao meu lado, a cabeça descansando em minha coxa. Não prestava a menor atenção ao rebanho, que mastigava sem cessar à nossa frente. Logo, adormeceu pacificamente.

❀ ❀ ❀

Pouco vi Carolyn ou Raspberry Ridge depois desse fim de semana de competição. Carolyn considerava as provas de pastoreio parâmetros importantes no processo de treinamento, especialmente para cães trabalhadores, mas eu não gostava de participar de testes e acho que Orson tampouco. Ele ficava tenso quando via portões, cercas e montes de pessoas ansiosas, com cães ao seu lado. Com o nome mudado ou não, reconhecia um possível problema quando o via.

Por outro lado, as provas às vezes introduzem um elemento desagradável no relacionamento entre o ser humano e o cão. Pessoas como eu tendem a não apreciar simplesmente a experiência; queremos vencer. Quando perdemos — o que é certo de acontecer em algum momento —, como não deixar transparecer nosso desapontamento e frustração, sobretudo para os cães, que nos interpretam com habilidade?

Eu gostava das idéias de Carolyn sobre treinamento à base de reforço positivo, mas mesmo assim estava me tornando cada vez mais resistente a certas filosofias para adestramento de cães. Nenhuma idéia específica parecia apropriada para Orson e para mim. Minhas próprias fraquezas impediam-me de ser positivo e paciente o bastante, por exemplo. Ainda assim, eu estava curioso a respeito do processo. Começava a ter minhas próprias abordagens de treinamento e queria explorá-las sozinho.

Além do mais, eu fora mordido por outro bicho, logo que percebi o quanto gostava de trabalhar na fazenda de Carolyn. Eu possuía uma minúscula cabana no norte do estado de Nova York e andava ouvindo muita coisa sobre pecuaristas que estavam se saindo mal por toda parte. Os imóveis no condado de Washington ainda eram consideravelmente acessíveis. Por que não dar seguimento a minhas idéias por lá, em minha própria fazenda, com meu próprio rebanho, um caminhão maltratado, cercas, celeiros e cães?

Reuni vários motivos pelos quais deveria adquirir minha própria fazenda. Nossa cabana era pequena demais para que Paula trabalhasse, com pouco espaço para minha filha ou seus amigos. A propriedade, com apenas 800 hectares em acentuado declive, era igualmente muito apertada para um rebanho. E a cabana achava-se tão isolada da cidade mais próxima em termos geográficos que eu mal conhecia alguém ao meu redor.

Eu não encontrara uma comunidade permanente em Nova Jersey ou na maioria dos outros locais onde havíamos vivido, mas ainda tinha essa esperança. Quem sabe por lá.

Além disso, em nossa própria fazenda, Orson aprenderia a pastorear, teria todo o espaço que mesmo um border collie demente poderia querer, estaria longe de ônibus escolares e sirenes. Aprenderia, por fim, a entender o mundo.

Winston.

Capítulo dois

Orson e Winston

Pouco mais de dois anos após a chegada de Orson ao Aeroporto de Newark, ele e eu aguardávamos ao lado de uma velha e ampla casa de fazenda no minúsculo vilarejo de West Hebron, Nova York. Dessa vez eu realmente conseguira. Havia comprado uma fazenda.

Gastarei longo tempo ordenando o processo que me trouxe até aqui, mas foi algo assim: o aparecimento de Orson em minha vida desafiou-me de incontáveis formas. Para continuar com ele, para fazer o certo por ele, comecei a pastorear ovelhas com Carolyn Wilki.

Trabalhando com ela, tornei-me fascinado pela natureza espiritual do treinamento de cães. Duas espécies tentando comunicar-se uma com a outra — era um desafio estranho, mas poderoso e sedutor. Também vim a apreciar a regularidade e o contentamento da vida numa fazenda.

Em pouco tempo, comecei a escrever a respeito de cães. Conheci e fiz amizade com estudiosos, criadores, behavioristas, veterinários e amantes de cães aos milhares, pessoalmente e *on-line*.

Um pesquisador bombardeou-me com estudos, pesquisas e artigos de revistas acadêmicas a respeito do comportamento e da genética dos cães, e da ligação ser humano-animal. Fui convidado para conferências sobre treinamento e veterinária.

Minha própria vida com cães mudava radical e continuamente. Depois que Julius e Stanley, os dois labradores que viviam amigavelmente comigo quando Orson chegou, morreram, Homer entrou para a família, mas ainda lutava para conviver com um irmão tão autoritário quanto Orson. Então, pouco antes de levantarmos acampamento para a fazenda, outro border collie, chamado Rosie, juntou-se a nós — um arranjo que, no estilo de vida dos cães, não durou muito.

Batizei o lugar em homenagem ao principal cruzamento de West Hebron, conhecido como Bedlam Corners, sede de seu único estabelecimento de varejo.

Há um século, Hebron era tão movimentada que era difícil atravessar a estrada; o cruzamento merecia o apelido. A palavra *bedlam*[1] evoluiu a partir do nome do primeiro asilo de loucos do mundo na Londres do século XVII. Agora, pode-se sentar em uma espreguiçadeira por meia hora e não ver muita atividade no cruzamento, mas Bedlam pareceu um nome particularmente apropriado para Orson e para mim.

Três meses antes, deixáramos minha cabana nos arredores de Cambridge, Nova York, onde eu escrevera vários livros, e nos puséramos a caminho, atraídos por misteriosos impulsos e instintos, para explorar Hebron, uma remota cidade fabril em dificuldades econômicas, perto da divisa de Vermont.

— Hebron? — minha vizinha em Cambridge torcera o nariz. — É a roça *mesmo*. Ninguém vai até lá.

Hebron, na realidade, ficava a meio caminho de lugar nenhum, mas ao que constava era linda, uma espécie de Brigadoon. Como diziam os habitantes locais, o lugar era tão rural quanto terra.

Enquanto descíamos a Rodovia 30, Orson viajava em sua posição de costume, sentado no assento traseiro da camionete, a cabeça apoiada em meu ombro direito, pilotando. Passamos por uma placa desbotada na orla do povoado: HEBRON – 1.786. A menos que o viajante estivesse procurando por Hebron, não teria motivo algum para visitá-la ou atravessá-la. Mas se o fizesse, era impossível não se sentir atraído por ela.

Como quase todas as regiões agrícolas no norte do estado, Hebron era pobre. A agricultura familiar estava desaparecendo, e nenhuma indústria

1. Confusão, babel.

a substituíra. As pessoas realizavam longas viagens a Vermont ou Saratoga Springs em função do trabalho. Em geral, os jovens levantavam acampamento. Moradores da cidade de Nova York estavam começando a aparecer para fugir e passar o fim de semana nas fazendas leiteiras falidas, mas eram poucos.

Olhei em torno, para as imponentes casas de fazenda antigas, os pastos macios e verdes cercados por colinas arredondadas, reservatórios e lagos — e de alguma forma me senti em casa.

Reparei nas vacas amarradas em alguns quintais, nas galinhas cruzando a estrada de um lado a outro, em um cachorro passeando no meio da Rodovia 30. O prefeito parecia ser também o barbeiro e o esteticista da cidade. As casas de fazenda com terrenos em torno custavam menos que uma garagem para dois carros em Nova Jersey.

Também notei as características mais melancólicas da cidade, a opressiva pobreza dos *trailers* e cabanas aninhados na floresta sem instalações sanitárias. Os invernos, eu já sabia, eram brutais na região, os ventos assobiando pelos vales, as estradas montanhosas, abruptas e escorregadias. Tendo parado na loja de conveniências para beber um refrigerante, ouvi que um urso imenso fora localizado na estrada de Chamberlin Mills.

Liguei do celular para uma corretora de imóveis.

Instintivamente, compreendi que aquela viagem era mais do que uma expedição para compra de casa. Era um daqueles panfletos que alguém pega quando tem sorte, é louco e está decidido a não fazer aquilo que se espera dele, que é se acomodar à parte final da vida calado e sem se queixar. Eu ainda ansiava pela mudança. Acreditava que, antes da morte, quando o corpo se esgota por um ou outro motivo, havia outra morte, mais insidiosa — a da consciência das oportunidades, um enferrujar das dobradiças e um fechamento de portas dentro da mente. Era a que eu mais temia.

E embora nunca houvesse verbalizado, passara a acreditar que Orson aparecera em minha vida para garantir que isso não ocorresse. De alguma forma, aquele cão louco ao meu lado tornara-se meu batedor. Juntos, encaminhávamo-nos para alguma coisa.

Das ruas transversais em Bedlam Corners, ergui os olhos para uma encosta e vi uma majestosa casa de fazenda escondida atrás de árvores antigas, cercada de celeiros desbotados e campos sem corte. Da espaçosa varanda dianteira com cadeiras de balanço, havia uma generosa vista de amplas terras cultiváveis e vales cobertos de árvores, que se estendiam por todo o caminho até Vermont. Peguei o telefone outra vez.

— Gosto daquele local no alto da colina — eu disse para a corretora de imóveis.

— Não está à venda — disse ela.

Poucas semanas mais tarde, Paula, Emma, eu e os cães passávamos férias em Cape Cod quando a corretora ligou.

— Sabe a fazenda de seus sonhos? Foi posta à venda.

E agora Orson e eu aguardávamos o caminhão com a mudança. Ele sentiu-se atraído — obsessivamente, como sempre — pelos esquilos que entravam e saíam do celeiro.

Junto com o caminhão que transportava o conteúdo de nossa pequena cabana, outra carga logo chegaria: quinze das ovelhas de Carolyn, por serem "iniciadas", familiarizadas com cães pastores. Quando o *trailer* de transporte da fazenda chegasse, Carol, a Jumenta Solitária, também saltaria trotando.

Bem, disse a mim mesmo, eu não me sentia mais preso à rotina suburbana de meia-idade. Muito pelo contrário: estava aterrorizado.

— O que você fez? — perguntei a Orson. Ele apenas se lançou atrás de outro esquilo.

Orson era um daqueles cães que dedicavam amor incondicional a um único ser vivo: eu. Também era muito ligado a Paula, Emma, e a uns poucos eleitos, como Carolyn, mas em geral não se entusiasmava efetivamente com outros animais ou pessoas.

Muitas vezes, não permitia que se aproximassem de mim ou de nossa casa. Atirava-se contra portas, portões e janelas de carros para repelir os intrusos. Sua saudação padrão a outros cães era o ataque.

Orson gostava da pequena Rose, mas intimidava o pobre Homer. Não permitia que este chegasse a um metro de mim. Olhava com raiva enquanto Homer comia, até que ele abandonasse sua tigela e fugisse do aposento; roubava seus brinquedos e ossos. Homer geralmente se refugiava em qualquer cômodo onde Orson não estivesse.

Mas Orson também demonstrava quantidades surpreendentes de afeto, às vezes reservado ao mais estranho dos destinatários.

Em nossa segunda primavera em Bedlam Farm, uma nova amiga ofereceu-me um galo chamado Winston e três galinhas, para que eu conseguisse ovos frescos. Surpreendera-me o caráter industrioso e metódico do bando de galinhas que ela possuía.

E Winston tinha uma história pregressa dramática para um galo. Com manchas pretas e brancas e a autoridade de um general, possuía um defeito na perna, adquirido em uma épica batalha para defender seu bando de um falcão. Duas galinhas foram perdidas na refrega, mas um mutilado Winston dera tempo suficiente às outras para se espremerem dentro do galinheiro. Ele merecia uma aposentadoria honrosa, e uma vez que eu também mancava por causa da perna esquerda defeituosa, parecíamos uma boa combinação.

Quando as galinhas chegaram, Orson — pensando sempre em almoço — partiu para cima delas. Mas eu já previra essa recepção, então o prendi em uma longa corrente. E depois de alguns dias, farto de petiscos, sermões e gritos de minha parte, ele entendeu que aqueles eram novos moradores, não presas fortuitas. O fato de eu ter insistido em espalhar guloseimas de fígado no chão sempre que ele se aproximava das galinhas ajudou.

Assim, fiquei surpreso e horrorizado ao olhar pela janela de meu escritório certa tarde e ver Winston assumir o comando do gramado dianteiro e mancar, com firmeza e dignidade, bem na direção de Orson, que cochilava ao sol. Eu não tinha tempo de correr para fora e interceptar Winston, então fiquei assistindo da janela, tenso. Vi um olho de Orson se abrir, como o de um daqueles gatos ou raposas de desenho animado, quando um rato tentador passeia perto deles. Os border collies em geral são semelhantes aos lobos, e Orson tinha muito de lobo. Caçava não apenas esquilos e ratos do campo, mas também cervos e perus selvagens. Bati freneticamente no vidro da janela, na esperança tanto de distraí-lo quanto de afugentar Winston.

Mas o galo avançou direto para o declive. Se tivesse uma espada, ela estaria desembainhada. "Entrando no vale das sombras", pensei.

Orson sentou-se de repente, mas Winston continuou a se aproximar. "Ele já era", pensei, correndo em direção à porta da frente. Levei poucos segundos, mas quando saí para a varanda, vi Winston sentar-se perto de Orson, que agora fitava o galo com assombro. Orson tinha as orelhas levantadas e abanava o rabo, o que não interpretei como bom sinal. Ainda assim, Winston estava vivo.

Orson olhou para mim. Fiz o que esperava que fossem ruídos de tiro. Então ele bocejou, tornou a deitar e retomou sua soneca.

Mal pude acreditar. Mas nos dias seguintes, não houve dúvida: nascera uma inexplicável amizade.

Quando Orson e eu entrávamos no celeiro, Orson farejava Winston, dava-lhe até mesmo uma lambida de vez em quando. Quando Orson estava fora, no quintal, Winston vinha mancando fazer uma visita, cacarejando e arfando. Os dois amigos cochilavam juntos nas tardes ensolaradas.

Talvez *amigos* seja um exagero; Winston nunca olhava direto para Orson, apenas se acomodava confortavelmente ao seu lado; Orson não procurava Winston, mas aceitava sua presença. Eu muitas vezes dava uma olhada pela janela da sala de estar e maravilhava-me com a visão daquelas duas criaturas, ambas com o olhar voltado para longe, na direção do vale, cada qual perdida nos próprios pensamentos, mas satisfeitas por meditar juntas. Orson não era um ser meditativo por natureza. Essa amizade — ou o que quer que fosse — era benéfica para ele, decidi.

O relacionamento apenas amadureceu. Quando um cachorro extraviado subia a estrada correndo atrás das galinhas, Orson precipitava-se de forma protetora diante de Winston e, latindo furiosamente, expulsava o desnorteado intruso. Quando Orson e eu passeávamos pelo pasto, Winston muitas vezes começava a subir a encosta junto conosco. Assim como eu, não conseguia ir longe ou andar muito rápido, portanto raramente chegava ao topo da colina a tempo. Mas às vezes, quando permanecíamos lá em cima o bastante, ele se juntava a nós. Tive alguns momentos felizes ali, sentado em uma espreguiçadeira, com meu estranho cão e seu novo companheiro, nós todos pegando sol e apreciando a paisagem.

É salutar lembrar, quando se está lidando com cães e outros animais, que somos amplamente ignorantes. Havia partes daquele cão que eu jamais entenderia.

Por exemplo:

Se Orson podia fazer amizade, ou ao menos tolerar, um galo irritadiço, por que era tão hostil com cães de serviço e terapia mansos e entusiasmados? É estranho dizer isso, mas, ao longo do tempo, ficou claro: ele não gostava de cães sociais e exuberantes como labradores e golden retrievers. Não gostava de cachorros que guiavam cegos. Não gostava de filhotes. Quase todos os cães que faziam as pessoas suspirarem simplesmente o provocavam.

O estranho a respeito dessa característica é que eu o amava por causa dela. Os cães de serviço e terapia e seus donos realizam um importante trabalho; merecem aplausos e reconhecimento. Mas da mesma forma que o mau aluno oficial da classe sente-se mal com os muito competentes, Orson não gostava dos bons cães, sobretudo se usassem aquelas camisetas onde se lia "Terapia". Quando eu estava com humor antropomórfico, concluía que ele desprezava cães em circunstâncias que os permitissem serem melhor do que ele. Talvez fossem os cães que ele desejava ser.

Uma tarde de domingo, levei-o a uma sessão de leitura em Saratoga. Ele adorava a atenção que recebia em eventos relacionados a livros, embora os aplausos às vezes o excitassem e desencadeassem uma torrente de latidos.

Uma mulher cega compareceu à livraria com Maggie, sua adorada cadela guia de cegos, uma verdadeira gracinha. Em segundos, enquanto eu estava distraído conversando, Orson escapou da coleira e começou a perseguir Maggie pelos corredores. Ouvi latidos e uivos na parte mais afastada da loja. A dona de Maggie parecia desnorteada, chamando a cadela, dizendo repetidamente:

— Ela nunca foge. Onde pode estar?

Correndo para a entrada da loja, vi que Orson expulsara Maggie pela porta da frente — enquanto um cliente aparentemente a mantinha aberta — e a encurralara embaixo de um carro no estacionamento do centro comercial. Maggie parecia traumatizada. Orson, latindo e girando, parecia se divertir. Senti-me mortificado. Que espécie de criatura miserável persegue um cão guia de cegos?

— Eles estão aqui — gritei para dentro da loja. — Estão apenas brincando.

Então, xingando, ajoelhei-me e agarrei o cabresto de Maggie. Orson, envergonhado por minha repreensão, desabou no chão. Maggie parecia perturbada, mas ansiosa por voltar a seu posto; a dona e a cadela foram felizmente reunidas. Orson, depois de várias ameaças de morte sussurradas, deitou-se ao meu lado enquanto eu lia, conversava e dava autógrafos. Mas em momento algum tirou os olhos de Maggie.

Como alguém ama um cão como esse? E, mais interessante, por quê?

As pessoas que gostam de cães freqüentemente se referem a um cão "inesquecível". Ouvi a expressão dezenas de vezes antes de reconhecer sua importância.

Cães inesquecíveis cruzam nossas vidas com impacto especial; são cães que amamos de maneiras especialmente poderosas, às vezes inexplicáveis. Embora gostemos de outros animais de estimação, é possível que nunca sintamos esse tipo específico de ligação com qualquer dos demais. Pela falta de expressão mais adequada, esses são cães pelos quais nos apaixonamos, e para quem freqüentemente inventamos histórias sentimentais complexas.

Alguém poderia argumentar que, até o fim da vida de uma pessoa com cães, não é possível dizer qual foi seu cão inesquecível. Em minha experiência, entretanto, uma pessoa em geral sabe quando tem a sorte de possuir um.

As pessoas muitas vezes precisam pensar que seus cães as defendem, curam, ou amam, e a elas apenas — como o cão que se consome pelo dono durante anos, ou se arrasta por centenas de quilômetros, atravessando pântanos, a fim de voltar para casa. Sempre me opus a essa idéia. Quero que meus cães amem e se sintam seguros com outras pessoas além de mim. Desconfio que quando não conseguem, confundimos ansiedade e perplexidade com amor. Não é incomum encorajarmos e reforçarmos os comportamentos que desejamos em nossos cães, e então lhes atribuirmos nossas próprias necessidades e motivos. Desconfio que o cão inesquecível seja um parceiro inconsciente, talvez até mesmo relutante, nesse processo.

Apesar disso, não posso negar a intensidade com que Orson e eu nos unimos. Ele estava comigo sempre que podia. E sempre que possível eu o tinha comigo. Cheguei a atravessar com ele metade do país quando lecionei na Universidade de Minnesota certo outono.

Eu me preocupava com Orson o tempo todo. Sentia-me muito angustiado quando ele sofria e me regozijava quando aparentava estar feliz. Parecia um relacionamento puro de amor incondicional, lealdade inquebrantável e ausência de julgamento. Quem sabe se ele sentiria algo semelhante? Mas por não conseguir falar, eu podia falar por ele, imaginar para ele uma personalidade, correta ou não.

Seu espírito parecia paralelo ao meu. Havia uma ligação, uma conexão que eu não conseguia explicar. Mas ainda assim a sentia.

Portanto, quando intuí que algo central em minha vida havia mudado desde a chegada de Orson, eu estava certo e errado.

Enquanto me acomodei à vida suburbana convencional, quase sem pensar suprimi parte de mim mesmo. Quando Orson chegou, começou por me reconectar a este outro *self*; isso ficou óbvio assim que coloquei os pés na fazenda e senti tanta alegria, realização e contentamento. Duvido que ele tenha feito de propósito. É menos estranho falar em termos de ele ter desencadeado alguma coisa dentro de mim que estava dormente havia muito. No entanto, nenhum outro cão que já amei poderia tê-lo feito, ou poderia fazê-lo novamente. A dor de Orson me tocou; seu empenho me inspirou; seu amor me confortou. Quando chegava em casa e ele se lançava sobre mim, meu coração exultava. Por vezes ficava tão comovido que sentia vontade de chorar.

Sem Orson, eu não estaria aqui. As verdades alegres e tristes inerentes a esta percepção irão me fascinar, atormentar e assombrar até o fim de meus dias.

No dia do início do outono em que o *trailer* da Pensilvânia chegou, e as ovelhas e a jumenta se precipitaram para o pasto em direção à grama verde e exuberante, Orson e eu logo as seguimos. Ele estava preso em uma longa correia, mas quando viu as ovelhas, o antigo brilho surgiu em seu olhar.

— Ei — disse, dando um assobio, sem querer estragar o momento. — Fique calmo.

Levei-o até o alto da encosta — a cerca de quatrocentos metros — e então nos voltamos e observamos o amplo vale abaixo de nós. Falcões giravam vigilantes sobre nossas cabeças. A jumenta Carol mordia alegremente a casca de uma velha macieira lá embaixo, e o rebanho havia começado a pastar com vontade, já esquecidos o trauma e o desconforto da longa jornada. Reclinei-me em uma das espreguiçadeiras que eu havia instalado no topo da encosta, apreciando a paisagem.

Orson colocou a pata em meu joelho e lambeu-me o rosto. Retirei a guia da coleira. Ele olhou para mim à espera de comandos, mas eu não tinha nenhum a dar. Sentia-me repleto de gratidão por ele ter me conduzido àquele local incrivelmente lindo, o neto enrugado e calvo de imigrantes russos empobrecidos, sentado no alto de um espaço que recebera fazendeiros décadas antes das primeiras batalhas da Guerra Civil.

— Você está livre — declarei.

Ele congelou por um instante, encarou-me e então disparou.

Animais livres para se deslocar em seu ambiente natural são uma visão linda e rara. Há pouca coisa no mundo animal que se compare ao trote gracioso de um border *collie* com uma tarefa a realizar e montes de espaço para isso.

Quando os border collies aproximam-se do rebanho, devem manter distância, circulando atrás dos animais para empurrá-los em direção ao pasto. Orson era mais propenso a lançar-se direto sobre as ovelhas, dispersando-as em uma tempestade de medo e confusão. Em quase dois anos de viagens à fazenda de Carolyn, em centenas de contatos com ovelhas, ele nunca conseguira essa clássica "ultrapassagem" semicircular atrás delas, exceto em campos vazios, longe do rebanho. Às vezes ele começava, mas algo dentro dele sempre estalava. Ele rumava direto para o rebanho, transformando o pastoreio em caçada. Esse era realmente o problema de Orson: ele nunca conseguia escapar por completo de si mesmo, não mais do que eu.

Mas certos animais, em certas situações, podem detectar uma oportunidade e impregnar-se do espírito do momento, especialmente se conhecem e interpretam bem seus companheiros humanos.

Eu me sentia radiante naquele dia. Subir ao alto da colina — minha colina — e olhar para baixo na direção da fazenda — minha fazenda, com os animais recém-chegados — era um instante memorável. Poderia um cão tão ligado a mim como Orson deixar de perceber isso?

Livre, ele irrompeu para a direita e deu início a uma linda e saltitante corrida longe do rebanho, quase como se houvéssemos sido arrebatados pelo orgulho e a realização do momento — tanto dele quanto meu — e estivéssemos determinados a honrá-lo.

Uma corrida clássica, coisa de Discovery Channel. Fiquei de pé para ver melhor. Ele não olhou para trás, em minha direção, como de costume. Mantive a boca fechada, como raras vezes fazia.

Orson aproximou-se da cerca do lado leste, e então percorreu sua extensão. As ovelhas, reconhecendo o velho adversário, de quem geralmente fugiam, ergueram a cabeça e observaram por alguns instantes. Em seguida começaram a se agrupar em um nó. Quando Orson trotou abaixo delas, elas giraram e, como qualquer pastor gostaria que fizessem, começaram a subir a encosta devagar em minha direção, Orson atrás.

Ele parecia especialmente elegante naquele dia de setembro, sua silhueta esbelta e musculosa correndo sem nenhum esforço visível, o pêlo preto e branco brilhante tremulando. Outro cão, um dos labradores, estaria ofegante a essa altura, desacelerando depois da árdua corrida sob o sol quente. Mas Orson mal parecia estar fazendo esforço.

Em poucos minutos, as ovelhas estavam próximas do topo da encosta, pastando perto de mim, observando-o. Orson subiu correndo ao lado delas e veio até mim. Ajoelhei-me e gritei elogios e aleluias.

Que progresso, pensei. Como eu desejava que Carolyn ou Paula — ou alguém — houvessem visto. Quanto trabalho duro havia nessa simples corrida, quantas sessões de treinamento no frio, no calor, na lama, quantas mordidas de insetos e dedos dos pés congelados. Era um triunfo notável do empenho e do treinamento.

E eu sabia que teríamos grandes momentos como esse na fazenda, com nossas ovelhas, em nossos pastos e colinas. Não fora por isso que viéramos?

Não suspeitei, por um segundo sequer, que ele nunca mais daria uma corrida como essa. Nunca entendi por quê.

Rose.

Capítulo três

A ascensão de Rose

Quando vi Rose pela primeira vez, ela agarrava-se ao ombro de seu criador no terminal de passageiros do vasto aeroporto internacional de Denver. Um minúsculo filhote preto e branco, recém-saído de uma tranqüila fazenda, tremia de medo ante todo o ruído e tumulto ao seu redor.

E seu dia iria apenas piorar. Logo a enfiaram em um contentor de animais de tecido, ela foi eletronicamente inspecionada e apalpada pela segurança do aeroporto, então comprimida dentro de uma caixa de transporte e empurrada para baixo de meu assento no avião, com destino a Nova Jersey. A caixa, o pessoal da linha aérea me preveniu repetidas vezes, não podia ser aberta durante o vôo.

Eu conseguia apenas imaginar o que quatro ou cinco horas de motores barulhentos de avião a jato estavam causando a um cão tão sensível. Quando ninguém estava olhando, inclinei-me, abri a caixa e acariciei sua cabecinha trêmula.

Quando chegamos a Newark, o ruído dos subúrbios de Nova Jersey — sirenes, tráfego, cortadores de grama, pessoas — enervou-a ainda mais. A primeira vez que a levei para o quintal, ela enfiou-se em uma abertura sob a cerca e não se moveu. Precisei puxá-la para fora.

Rose encolheu-se de medo por vários dias, correndo para se esconder em meio às plantas do jardim e espreitar o exterior, então se lançando para dentro outra vez para se refugiar em sua caixa. Não fez suas necessidades durante boas 24 horas. Achava-se completamente nervosa, hipersensível ao som e ao movimento ao seu redor, tão ansiosa que fiquei preocupado de que adquirisse alguma espécie de trauma permanente. Em poucos dias, ela se acalmou ligeiramente e começou a prestar certa atenção em mim e nos outros cães. Parecia sentir-se mais segura. Ainda assim, perguntei-me se uma cadela tão ansiosa poderia algum dia pastorear ovelhas.

Rose passou seus primeiros meses na base de Nova Jersey, a partir da qual empreendíamos freqüentes jornadas em direção ao rebanho na Pensilvânia. Então chegou a hora da grande mudança. Levei três border collies para a fazenda — Rose, Homer e Orson.

Homer tinha bom temperamento e era carinhoso, mas debatia-se com a intensidade e o domínio de Orson, assim como com minha própria impaciência e inexperiência com o treinamento. Eu esperava que a introdução de um novo filhote reforçasse sua confiança, sua posição no grupo; não estava funcionando dessa forma.

Em Nova Jersey, ele crescera apegado a Max, o filho de dez anos de meu vizinho. O restante da família o adorava também. Naquela família, ele recebia muita atenção e não tinha problemas de concorrência. Embora as visitas de Homer houvessem sido breves, eu suspeitava, mesmo então, que um dia ele ficaria com eles. Um local mais bonito no norte do estado não resolveria seus problemas.

Mas o novo filhote transformou-se instantaneamente. Na fazenda, Rose voltara para casa.

Parecia mais tranqüila e à vontade do que eu jamais vira, sobretudo depois que as ovelhas chegaram. Era como se houvesse nascido ali. Em Nova Jersey, ela era um cão fora de seu elemento; na fazenda, encontrou seu lugar.

Era fascinante ver como os cães deixavam-se ou não seduzir pelo novo ambiente. Orson, difícil como sempre, teve várias reações. Adorava caminhar comigo, correr pelos bosques e prados, caçando esquilos e enfiando-se nas tocas de marmota. Mas parecia mais à vontade sozinho comigo, dentro de casa.

Homer raramente estava à vontade na fazenda. Correr e pastorear pareciam cansá-lo; muitas vezes terminava o dia mancando e ferido. Ele era menor do que Orson e sua estrutura mais pesada que a de Rose, portanto correr lhe cobrava um preço alto demais. Continuava a manter distância de Orson, que poucas vezes o deixava aproximar-se de mim. Tendo assimilado a lição, Homer tornou-se o único cão que já possuí que em geral não queria estar no mesmo cômodo que eu.

Curiosamente, Rose não demonstrava o mínimo medo de Orson; ela cedia, mas não se perturbava. Na verdade, à noite, quando todos os cães estavam acomodados, Rose andava nas pontas dos pés ao redor da casa recolhendo os ossos, brinquedos e pedaços de couro de todos, carregando-os, um a um, para sua própria caixa. Raras vezes os comia, mas gostava de colecioná-los, fazendo a última ronda de trabalho antes de dormir. Era o único cão que podia pegar alguma coisa de Orson e escapar de uma surra.

No que dizia respeito a Homer, Rose era tão autoritária quanto Orson. Logo, dois cães intimidavam o pobre rapaz, roubando-lhe os ossos e brinquedos.

O mínimo que posso dizer é que minha vida com os cães havia sido inconstante nos últimos tempos. Homer chegara para preencher a dor depois que Julius e Stanley haviam morrido, para tomar parte em meu crescente interesse em pastoreio. Rose, descendente de uma forte linhagem de cães pastores, viera para ajudar na fazenda que eu estava prestes a comprar e ser uma companhia agradável, com a qual Homer se sentisse melhor. Pouca coisa estava se desenrolando conforme o planejado.

No outono, apesar da dor da perda e da culpa, dei Homer a Max e sua família, onde ele ainda vive feliz. E a pequena Rose praticamente assumiu o comando.

Rose era o oposto do labrador dócil. Alerta a todos os sons e movimentos, quase incapaz de relaxar, nunca parava de trabalhar — carregando coisas, movendo-se de um lado para o outro ao longo da cerca do pasto, seguindo meu rastro — mesmo quando não estava em serviço. Interessava-se pelas pessoas apenas se estavam ligadas ao trabalho. Se alguém entrasse no pasto com ela e a deixasse comandar o rebanho, mesmo que uma só vez, tornava-se seu amigo. Do contrário, não tinha utilidade para ela. Ela não se interessava muito em ser alisada, acariciada ou abraçada. A comida pouco lhe importava. Tampouco os brinquedos, exceto os que envolviam perseguição, como bolas e *frisbees*.

Embora nunca descansasse completamente, ela parecia alegre e satisfeita. E por que não? Quantos border collies possuíam um bando de ovelhas bem diante da janela da cozinha?

Meu plano era trabalhar duro com Orson todos os dias — chovesse, nevasse, fizesse calor ou frio — e criar Rose como um cão trabalhador de fazenda, do que desconfiava que em breve precisaria.

Eu comprara Bedlam Farm por muitas razões, algumas das quais tinham pouco a ver com cães. Mas um fator importante para mim era a chance de viver e trabalhar com cães no ambiente certo, sem as restrições e distrações urbanas, com prados, pastos e ovelhas.

Orson, de certa forma, fora prejudicado em seus primeiros anos. Eu esperava que, trabalhando juntos, ele e eu poderíamos reparar grande parte do prejuízo, se não todo. Esse era o objetivo, talvez a fantasia.

Eu continuaria trabalhando com ele até que o mundo fizesse sentido. E ele se afeiçoaria e confiaria em mim e, no processo, ficaria curado. Não experimentaria a sorte de tantos animais problemáticos — ser abandonado. Alguém estaria presente. Alguém cuidaria dele. Não desistiríamos um do outro.

O treinamento com Orson precisava ser consistente, não algo que fazíamos quando eu tinha tempo, mas algo que realizávamos todo santo dia, com base em nosso convívio. Exigiria muito trabalho. Persistiríamos até nosso limite.

O treinamento mais sério tinha lugar nas primeiras horas da manhã. Eu deixava os outros cães dentro de casa ou presos no quintal dos fundos, enquanto Orson e eu nos encaminhávamos ao portão do pasto. Ele logo entendeu que isso significava que trabalharíamos juntos; essa rotina tornou-se uma parte do dia pela qual ele aguardava com entusiasmo. Quando eu abria o portão, ele explodia, correndo em círculos, latindo e devorando cocô de carneiro, assustando os jumentos e despachando as ovelhas para o canto mais afastado do pasto. Dominar até mesmo uma dessas reações indesejáveis — girar em círculos, o barulho, o lanche desagradável, que tinha conseqüências ainda piores mais tarde durante o dia — seria uma vitória.

Nosso trabalho não prosseguia de maneira uniforme e previsível, nunca. Uma manhã no fim do outono, as ovelhas estavam reunidas perto do comedor, esperando. Estava ficando cada vez mais frio, e os animais precisavam de milho e grãos para obter energia. Então me dirigi ao celeiro com Orson e derramei os grãos em dois baldes pretos de plástico.

Alimentar os animais não era um procedimento tão simples quanto podia parecer. Normalmente plácidos ruminantes, as ovelhas ficavam loucas quando viam ou farejavam comida. Avançavam umas sobre as outras — e sobre qualquer outra coisa que estivesse em seu caminho, inclusive pessoas — para alcançar os grãos. Eu tinha uma perna defeituosa, e dificuldades crescentes com a outra, e mais de uma vez fui atingido, assaltado, quase pisoteado por ovelhas agressivas. Em certas ocasiões, foi assustador; em geral era penoso. A melhor abordagem era manter os animais recuados até que eu conseguisse colocar o alimento no comedor, então me afastar.

Orson, pensei, seria bom nisso. As ovelhas tinham medo dele, com razão, e se manteriam afastadas. Ele não precisava executar nenhum movimento, podia simplesmente ficar perto de mim. Abri o portão do pasto e ele entrou, excitado, ansioso.

Aprendi que uma boa regra a seguir com ovelhas e border collies é que um cão excitado demais para ouvir ou obedecer a comandos simples como "Deite", provavelmente está excitado demais para trabalhar.

Minha prática de treinamento é afastar um cão superagitado até que ele se acalme, então trazê-lo de volta logo que esteja tranqüilo. Dessa forma, o cão aprende que só deve se aproximar das ovelhas quando estiver calmo, não frenético. Eu vinha trabalhando nisso com Orson havia mais de dois anos, e naquela manhã fiz com que se deitasse do lado de fora do portão, e então se deitasse outra vez assim que entramos.

As ovelhas baliam, aproximando-se lentamente de mim e dos baldes. Ordenei a Orson que deitasse e esperasse. Ele entrara correndo procurando por cocô de ovelha, mas depois que o chamei duas ou três vezes, voltou e se deitou.

Em seguida, caminhei com dificuldade até o comedor com os dois pesados baldes. Estava gelado havia dias, nevando e, quando a temperatura se elevava, geando. O chão gelado estava traiçoeiro, até mesmo para pessoas com as duas pernas em boas condições.

Aquela era uma situação em que o treinamento une-se à necessidade. Eu queria que Orson ficasse calmo. Precisava que se acalmasse. No fundo de minha mente espreitava a tendência humana de acreditar que, porque algo era importante para mim, Orson — como em um filme de Disney — compreenderia e me ajudaria. Ele pensaria algo do tipo: Amo Jon. Jon está prestes a ser atropelado por algumas ovelhas. Tenho de protegê-lo porque suas pernas são defeituosas e ele precisa de mim.

O que era um bom exemplo da forma como eu por vezes o colocava em uma posição impraticável, pedindo mais do que ele provavelmente podia dar, então o censurando por falhar. Os cães, assim como as pessoas, são muitas vezes prisioneiros, não donos, de seus instintos. Orson me amava, queria me agradar, mas havia outras forças em ação.

Enquanto eu me encaminhava para o declive, Orson escapuliu e avançou para as ovelhas. No que diz respeito a elas, o milho supera o medo na maioria dos casos. Assim que ele se moveu, elas se prepararam para o ataque. Com o carneiro Nesbitt na liderança, o rebanho deslizou e desceu correndo a ladeira, arranhando o solo bem na minha direção. Perdi o equilíbrio, minha cabeça bateu no chão congelado e o milho e os grãos saíram voando, deixando os animais ainda mais desvairados.

Praguejei, gritei e comecei a balançar os baldes vazios em direção às ovelhas para afastá-las. Minha cabeça latejava. Orson, frenético, agarrou a lã de uma delas e começou a puxá-la ladeira acima, deixando para trás chumaços de lã. Aquilo não era uma tentativa de salvamento, mas pura loucura, que pouco tinha a ver comigo.

Atirei um dos baldes na direção dele, que se assustou quando o balde chocou-se contra o solo.

— Não, não, não! — gritei. — Saia daqui. Saia!

Eu estava furioso. Seu comportamento havia me machucado e colocado em perigo, e quase ferira um animal. Nesse instante, algumas das ovelhas devoravam o milho derramado e outras fugiam de Orson.

Acalmei-me, chamei-o, levei-o para dentro de casa e, lançando-lhe um biscoito, coloquei-o dentro da caixa. Ele parecia ansioso por entrar, assustado e confuso. Depois de episódios como esse, Orson freqüentemente exibia um ar de perplexidade apreensiva, como se não tivesse certeza do que havia acontecido. Era quase como se voltasse a si depois de um ataque. Talvez fosse isso.

Levei Rose para fora e ela correu para o portão do pasto e esperou por mim. Rodeou as ovelhas até que formassem um grupo compacto, então as conduziu de volta encosta acima. Mancando e resmungando, tornei a encher os baldes. Não emiti nenhum comando a Rose, e ela não esperava nenhum. Patrulhando de um lado a outro, ela simplesmente manteve as ovelhas no lugar adequado — todas elas de olho nos baldes novamente cheios — até que descarreguei o milho dentro do comedor. Em seguida, afastei-me e liberei-a, e as ovelhas desceram a encosta e comeram.

— Ok, Rose, obrigada, fora — eu disse baixinho. Quase todos os meus comandos eram de minha própria autoria, não o jargão oficial de treinamento. Ela lançou-se para o portão e voltamos para casa.

Mudei de tática. Começamos a entrar no pasto com as ovelhas no cercado de treinamento (cortesia de Rose) e Orson na coleira. Eu o libertava e permanecia absolutamente imóvel e calado enquanto ele corria em círculos, engolia fezes de jumento e corria do celeiro ao comedor. Às vezes levava cinco minutos, às vezes dez, mas por fim ele erguia os olhos para ver onde eu estava.

Então se encaminhava ao cercado, onde se achavam as ovelhas e eu dizia:

— Orson, circule.

Ele parava, girava, latia e, depois de alguns instantes, circundava o cercado em um galope, ou então se virava e voltava para mim. Eu estourava de alegria, dava-lhe guloseimas e o elogiava em tom efusivo.

Isso se tornou nosso ritual diário de treinamento, aquilo que ele conseguia fazer, a tarefa na qual podia sair-se bem — e, como veio a tornar-se evidente, o limite máximo de sua capacidade como cão pastor.

Por vezes ele captava a noção de "movimento em torno do rebanho no sentido horário" — correndo em volta das ovelhas para a direita enquanto elas estavam no redil. De vez em quando, captava até mesmo a noção de "movimento em sentido anti-horário" e partia para a esquerda, contornando o redil. Mas em geral ficava muito excitado, girando e latindo, deslocando-se ao acaso, em várias direções. Portanto, eu simplesmente o deixava correr pelo cercado sem nenhum comando, na direção que desejasse.

A cada poucas semanas, eu abria o portão e tentava fazê-lo marchar calmamente atrás das ovelhas, conduzindo-as para dentro do pasto. Raramente funcionava.

Trabalhar com Orson no estilo convencional era infinitamente frustrante. Sua excitação muitas vezes sobrepujava sua compreensão até mesmo dos comandos mais elementares. Por cinco ou seis dias seguidos, ele deitava-se e esperava de forma confiável. Então de repente perdia o controle e disparava pelo pátio como se nunca tivesse ouvido a palavra "deite".

Depois de alguns meses, abri mão da idéia de que Orson poderia algum dia trabalhar diretamente com o rebanho, a menos que houvesse uma cerca entre eles. Eu chamava a isso de nosso treinamento minimalista: parar de fazer coisas demais, de exigir muito, de esperar muito. Menos é mais. Simples é melhor. A paciência é importante, o elogio, essencial. Às vezes suficientemente bom é bom. Às vezes — quando é uma questão aceitável e discutível — é preciso apenas se conformar e amar o cão que se tem, mesmo que ele não seja necessariamente o cão que se deseja. Pastorear ovelhas não é a única forma de um border collie ser feliz.

O contraste era dramático e, com o passar do tempo, tornou-se triste. Rose possuía a capacidade inata de entender a tarefa à mão e realizá-la.

Como qualquer border collie jovem, ela precisava ser treinada a manter a calma e mover-se devagar; eu não podia permitir que investisse como louca. Mas ela chegou com a maior parte do instinto de que precisava; tudo que tive de fazer foi lhe dar tempo e reforço. Orson, por outro lado, tivera o azar de tantos cães: envolvera-se com as pessoas.

O comportamento de Rose com o rebanho era calculado e autoritário. Ela nunca usava a boca para controlá-lo, usava o corpo e a "mirada" intensa, o olhar que os border collies empregam para deslocar o rebanho e mover outros animais, e as ovelhas moviam-se conforme ela direcionava.

Após as primeiras semanas, eu podia simplesmente dizer "Vá pegar as ovelhas", e Rose subia a encosta como um foguete, lançava sua mirada forte sobre o grupo, assumia posição de ataque com o carneiro por alguns instantes e punha-se atrás do rebanho. Em seguida — nunca havia dúvidas quanto ao desenlace — ela e o rebanho desciam a encosta trotando e entravam no redil.

Rose era pura atividade, era atenta, enérgica e destemida. Como meu pai freqüentemente dizia durante suas tentativas infrutíferas de me transformar em jogador de beisebol: "Você precisa ficar de olho na bola." Rose o fazia.

Era essa a diferença, eu pensava, entre um cão que tivera a oportunidade de aprender e crescer em segurança e um cão que não contara com isso. Era maravilhoso trabalhar com Rose, e triste ver a ruína excitável na qual Orson, em certos sentidos, se transformara.

Achei que Rose aprenderia algumas coisas com Orson, com o cão pastor que ele poderia se tornar logo que as ovelhas estivessem vivendo a poucos passos da porta dos fundos. Mas após as primeiras semanas, a verdade parecia cada vez mais evidente: estávamos todos aprendendo com Rose, nenhum de nós tinha muito a lhe ensinar.

Com pouco treinamento em todos os sentidos, ela estava se tornando um excelente cão de fazenda — entusiasmado, perspicaz, experiente e incrivelmente útil.

— Onde está Rose? — a veterinária de animais de grande porte perguntava quando parava sua picape. Muitos de seus clientes levavam os cães para trabalhar quando ela chegava, contou-me, mas apenas Rose de fato ajudava, mantendo quietas as ovelhas doentes, reunindo as fugitivas que tentavam evitar as injeções que aplicava. Eu quase explodia de orgulho.

Rose era um daqueles cães trabalhadores totalmente à vontade com o serviço, embora, por outro lado, nunca relaxasse por completo. Sentia-se tão tranqüila fazendo um carneiro grande e intimidador recuar, quanto ficava deslocada em Nova Jersey. Era difícil conciliar aquela criatura eficaz e enérgica com o filhote trêmulo que eu trouxera de Denver.

Nosso treinamento progrediu. Decidi não contratar os serviços de um instrutor de pastoreio ou colocá-la em uma classe. Decidi deixar que seus dons se desenvolvessem naturalmente para ver o que acontecia.

Eu fazia muitas coisas que os instrutores de pastoreio recomendavam — inicialmente a levava para perto do rebanho na coleira, por exemplo, para desencorajar as corridas a esmo. Mas também fazia um monte de coisas que eles não recomendavam, como deixá-la entrar no pasto sozinha. Eu assistia do portão enquanto ela se aproximava das ovelhas, sua mirada e seus instintos aguçando-se quase dia após dia. Rose não era de correr ao acaso, sem objetivo; parecia ter sempre uma finalidade.

Na maioria das manhãs, ela subia correndo metade da encosta — o rebanho quase sempre se deslocava até o topo para passar a noite — e assimilava a situação. Olhava para a direita, então para a esquerda, inspecionando as ovelhas dispersas, até que chegava a alguma espécie de conclusão. Isso era crucial, um amigo irlandês e guru do pastoreio me prevenira.

— Você fica quieto e a deixa tomar algumas decisões.

Via *e-mail* e chamadas telefônicas, outros adestradores exprimiram sua desaprovação.

— Existe a forma correta e a forma errada de pastorear ovelhas — repreendeu-me um dos adestradores. — Você precisa de aulas; você vai confundi-la.

Mas trabalhar com Rose foi uma experiência incrível. Fico feliz que o tenhamos feito a nossa própria maneira.

Todas as manhãs, após meditar sobre a situação, Rose deslocava-se em uma ou outra direção, veloz ou lentamente, a fim de reunir o rebanho e trazê-lo para baixo, até mim. Tinha na cabeça alguma espécie de manual que mostrava como as coisas deveriam funcionar. Eu não dispunha de um desses, portanto decidi confiar nela e em seus instintos em desenvolvimento. Seu progresso era bonito de ver.

Rose era jovem demais para pastorear ovelhas — mas, mesmo assim, *estava* pastoreando ovelhas. Era jovem demais para manter-se calma, mas o fazia. Não se podia esperar que aquele filhote, ainda desajeitado, controlasse animais bem mais altos que ela, incluindo uma jumenta que poderia pulverizá-la com um único coice. Mas ela o fazia.

Rose era tão tranqüila quanto Orson era excitado, tão audaz quanto ele estava convencido do fracasso. Orson tinha tanta necessidade de minha presença e atenção quanto Rose era indiferente a elas. Trabalhando com Rose, pude perceber os enormes bloqueios que haviam se formado em Orson — sua excitação, confusão, aversão aos comandos, hiperatividade.

A cada dia, a segurança de Rose crescia, sua experiência aumentava. Ela era equilibrada, confiante, e era possível perceber o quanto se orgulhava depois que nosso trabalho estava feito e ela cruzava a trote o portão do pasto, parando para abanar o rabo e dar uma rápida lambida em minha mão.

Dia após dia, ela assemelhava-se mais a um cão trabalhador, e Orson menos, aproximando-se mais de um animal de estimação.

Ainda estávamos todos nos acomodando na fazenda quando a primeira verdadeira nevasca de inverno nos fulminou. O vento começou a assobiar, enquanto camadas de neve principiaram a rebentar sobre o terreno e a estrada. Pus para funcionar meu fogão a lenha e abri uma garrafa de Glenlivet. Os cães estavam dentro de casa, encolhidos para passar a noite — até que Rose começou a latir. Quando olhei pela janela, vi que a jumenta e as ovelhas haviam escapado pelo portão do pasto, atravessado a estrada e estavam se escondendo na floresta.

Entrei em pânico. Eu nunca enfrentara uma fuga de animais. Não gostaria de ter de ligar para Paula para contar que todos os meus animais haviam desaparecido na tormenta.

Era uma ingratidão terem escapado, pensei, depois de haverem sido escrupulosamente abastecidos com grandes quantidades de feno, água fresca e abrigo. Talvez alguma coisa os houvesse assustado. Talvez eu não houvesse trancado o portão. Em qualquer dos casos, havia hectares e mais hectares de floresta lá fora. Eu não tinha meios de encontrar o rebanho ou de trazê-lo de volta.

Orson seria imprestável em uma emergência como essa. Caso conseguíssemos localizar os animais, eles simplesmente se afastariam ainda mais se o vissem. Rose olhou para mim ansiosa, com seu olhar de me-ponha-em-campo-treinador. Fomos lá para fora.

— Vá atrás deles, garota — gritei, sem mais alternativas.

O filhote — que a essa altura mal completara seis meses — desapareceu na floresta.

Meia hora depois, bufando de raiva e arquejando, maldizendo o frio, a neve e ansiando pelo calor do fogo e pelo copo de uísque em casa, segui o som dos latidos no interior da floresta. Quando me arrastei até Rose, vi, através do feixe de luz de minha lanterna, que ela havia reunido todo o grupo — ovelhas, carneiro e jumenta.

Nenhum deles ia a parte alguma enquanto ela latia, rodeava-os e mordiscava. Numa floresta aberta, Rose era a cerca.

Ela realizou manobras atrás dos animais e, comigo na liderança da procissão, nós os conduzimos por um longo caminho através do prado, cruzando outra vez a estrada. Fechei o portão atrás do bando, empilhando, além disso, latas de lixo e tábuas contra ele.

Era evidente que Rose descobrira seu destino. Tudo que eu vinha trabalhando de forma tão árdua com Orson, ela realizava natural e instintivamente. Não mais a principiante, Rose estava amadurecendo e se tornando a Rainha de Bedlam, enquanto a idéia de Orson chegar a ser um cão trabalhador — algo importante para mim e, eu acreditava, para ele — começou a se apagar. Talvez alguma coisa em seu espírito orgulhoso e carente também tenha se extinguido.

Rose sabia, sem treinamento, como separar as jumentas (logo havia duas, tempos depois três) das ovelhas. Vigiava o portão se estivesse aberto, detinha as ovelhas na estrada se atravessassem para pastar. Na época de parir, Rose alertava-me quando os carneirinhos nasciam, mantinha as mães e os filhotes juntos enquanto estavam unidos, conduzia as ovelhas e os recém-nascidos para o celeiro onde se manteriam secos e aquecidos.

Logo, outros fazendeiros começaram a me telefonar e pedir que a emprestasse para tarefas particularmente exigentes. Reprimíamos tumultos em currais, reuníamos cabras nômades, salvávamos vacas errantes em dificuldades. Cobrávamos dez dólares para chamados domésticos e em pouco tempo algumas centenas de dólares se acumularam na cesta sobre minha escrivaninha, dinheiro destinado a grupos de cães resgatados.

Tornamo-nos parceiros no estilo mais antigo e tradicional da parceria entre cães e seres humanos. Vivendo com Rose, entendi por que cães foram originalmente domesticados. Eu estava extremamente consciente do que um cão como ela devia significar para um fazendeiro cem anos atrás.

Algo fundamental havia mudado. Border collies precisam de trabalho, e Orson estava tremendamente ansioso por encontrá-lo. Como Carolyn previra e eu bem sabia, o mundo não faria sentido para ele até que isso ocorresse.

Mas quando aconteceu, não era o tipo de trabalho que costumamos ver border collies realizando em programas de TV a cabo ou provas de pastoreio. Eu tornei-me o trabalho de Orson. E isso teve de ser o bastante.

O equilíbrio chegou lentamente à fazenda naquele primeiro ano. O tempo logo se tornou cada vez mais frio e implacável. Eu tinha pouco conhecimento sobre a forma de cuidar da alimentação, da forragem e da água no pior inverno em quarenta anos no norte do estado de Nova York. Sentia-me oprimido pela crueldade física de nossas rotinas diárias.

Carol, a jumenta, caiu gravemente doente, o que exigiu muitas caminhadas tarde da noite até o celeiro com seringas e medicamentos. Precisei aplicar injeções, dar remédios e fazer curativos. Carregar milho e grãos para as ovelhas, arrastar mangueiras através da tundra gelada em que se transformara meu caminho de acesso de veículos, a fim de que o rebanho tivesse água, arrastar fardos de feno encosta acima — eu considerava tudo isso desafiador, subjugante, massacrante. Insensatamente, calculei mal a chegada de meu carneiro, Nesbitt, e assim as ovelhas deram à luz em fevereiro, a maioria no meio da noite, invariavelmente sob temperaturas abaixo de zero.

Contudo, à medida que minhas novas responsabilidades viravam minha rotina de cabeça para baixo, Orson alcançou certa estabilidade, que sempre lhe escapara. Provavelmente não era fácil para ele ver Rose e eu entrarmos no pasto sem a sua presença. Não era fácil para mim tampouco. Ele sempre queria ir comigo — a toda parte —, então corria para a porta. Excluído, sentava-se à janela, observando, esperando até que eu voltasse.

Mas ele encontrou compensações. A fazenda era calma no inverno, com poucos visitantes e distrações. Eu ainda trabalhava com ele todas as manhãs, mas simplesmente nos dirigíamos ao pasto e, depois que ele girava em torno do redil algumas vezes, eu o cobria de elogios. Ele sentia-se vencedor, eu achava, ou ao menos se julgava um fracasso com menos freqüência.

Com os prazos se esgotando e o mau tempo desestimulante, sentia-me menos culpado que de costume por me esconder dentro de casa para trabalhar. Percebi que Orson veio a encarar meu trabalho como responsabilidade sua também. Quando o computador zumbia ganhando vida, ele despencava no chão ao meu lado, a cabeça muitas vezes apoiada em meu pé direito. Logo, suspirava profundamente e dormia.

Rose adorava sentar-se no quintal nos piores dias, assim podia ficar de olho no rebanho. Não se interessava por meu trabalho, só pelo seu. Às vezes, quando eu saía para chamá-la, Rose estava quase invisível, coberta de neve. Ela emergia da brancura, sacudia-se e corria para dentro de casa — direto para a porta dos fundos, à espera de voltar para fora e recolher algumas ovelhas. Ela viveria alegremente ao ar livre, o melhor para guardar seu rebanho.

Orson era diferente, e talvez estivéssemos todos ficando mais à vontade com isso. Apreciei seu companheirismo ao longo daquele terrível inverno. O tempo que passava comigo ao lado do computador, à medida que o fogão a lenha estalava, tornou-se nosso trabalho juntos. Eu adorava tê-lo tão próximo enquanto escrevia. Muitas vezes, minha perna doía por mantê-la tão imóvel para não perturbá-lo.

Veio à tona um lado seu comovedor, pacífico, difícil de ver no pasto de Carolyn ou em Nova Jersey. Enquanto eu golpeava o teclado, aquela criatura, antes inquieta, descansava satisfeita durante horas. Se eu me abaixasse para acariciá-lo ou lhe dar tapinhas, ele lambia minha mão, procurava meus olhos, batia com a cauda no chão algumas vezes, então voltava a dormir. Dessa forma, dia após dia, escrevemos juntos um livro.

Sua tranqüilidade recente era contagiante. Uma vez mais, maravilhei-me ante a natureza variada e complexa dos cães, a miríade de formas pelas quais eles abrem caminho rumo a nossos corações. Sempre que eu baixava os olhos na direção de Orson, sorria.

Como muitos leitores sabem, possuir um cão desses não é uma coisa simples. Requer vigilância e gera ansiedade. Será que ele partiria para cima de algum pobre cachorro caminhando na estrada? Romperia a porta de tela atrás de um esquilo? Aterrorizaria o entregador de óleo? Raras vezes era possível relaxar perto de um cão como Orson, ainda que naquele inverno, em meu escritório, enquanto as temperaturas lá fora despencavam e o vento assobiava, eu tenha relaxado e penso que ele também. Ele descobrira um trabalho que adorava, no qual era muito bom. Os seis meses seguintes foram os mais pacíficos da vida complicada de Orson.

Quando a primavera finalmente chegou, fizemos várias caminhadas durante o dia, às vezes entrando na floresta, às vezes descendo até Black Creek para nadar. Ele atravessava o prado, mergulhando para caçar ratos do campo e toupeiras, rolando sobre fezes de cervo, irrompendo em alegres explosões de energia. Raramente tinha muito a fazer com as ovelhas, mas não parecia se importar. Eu tampouco. Finalmente, a pressão pareceu diminuir. Ele estava contente.

Mostrava-se até mesmo bondoso — ou ao menos tolerante — com a pequena Clementine, meu novo filhote de labrador de carinha meiga.

Sou muito favorável aos border collies. Adoro sua vivacidade, inteligência e carinho, a energia que destilam e que demandam de seus donos. Mas sentia saudades de ter labradores. Julius e Stanley foram companheiros encantadores e amistosos como jamais tive. Eu desejava um cão simples, alegre, para passar o tempo, cochilar aos meus pés, assistir a um jogo do Yankees.

De modo que azucrinei Pam Leslie, uma criadora altamente conceituada em Vermont, até que ela me falou a respeito de uma ninhada que incluía um par de labradores amarelos. Importunei-a para que me vendesse um.

Clementine era uma labradora pura: nada era nojento demais que não engolisse; raramente se zangava, adorava a maioria dos seres vivos, incluindo ovelhas e jumentos. Orson não brincava e tinha pouca paciência com cães que o faziam, mas aceitava muita coisa de Clem, que se apropriava de seus biscoitos e ossos, lançava-se pela casa aborrecendo-o e competia descaradamente por meu afeto. Uma ou duas vezes, ele rosnou uma advertência para que ela se afastasse, mas em geral parecia se divertir e nunca a intimidava como o fazia com Homer.

Clem suavizou a tensão do ambiente, induzindo Rose a brincar de pique-esconde de vez em quando. Conseguiu até mesmo com que Orson relaxasse. Ela e eu logo estávamos assistindo a beisebol juntos no sofá, Clem estirada ao meu lado, roncando durante o jogo. Foi um acréscimo delicioso.

Nosso único problema era quando alguém chegava de visita — não importava muito se entregador ou amigo — e Orson arremessava-se quase histericamente contra a porta ou o portão.

Mas fora isso, ele aparentava estar à vontade — para um cão como ele. Talvez estivéssemos conseguindo, pensei.

Orson tinha amigos, quase todos do sexo feminino. Eu chamava-as de suas namoradas — amantes de cães, vizinhas e amigas que adoravam Orson. Elas o achavam amoroso, divertido e inexoravelmente social, inclinado a lhes subir no colo. Ele possuía um estilo cativante, quase paquerador, com mulheres.

Viciado em atenção, Orson adorava ser o centro das coisas. Se a atenção não fluísse naturalmente, ele era um gênio em conseguir com que as pessoas — especialmente eu — se concentrassem nele.

Mas ele não precisava esforçar-se para obter atenção de suas namoradas, que o acalentavam e se preocupavam com ele. Sua cauda começava a balançar no instante em que ele ouvia suas camionetes. Elas lhe traziam guloseimas, escovavam-lhe o pêlo até que brilhasse, tinham longas conversas com ele. Quando não estava perto do rebanho, de portas ou portões, Orson era bastante sociável.

— Você é um devasso — eu murmurava quando suas namoradas partiam.

Um cão pode ser um gatinho dentro de casa e um monstro furioso do lado de fora. Como explicar a um aterrorizado motorista do correio que o cachorro latindo e investindo contra ele podia ser uma criatura que amava o dono com mais dedicação do que qualquer outra?

Eu estava constantemente explicando Orson, com suas múltiplas personalidades. *Ele é realmente um amor, é que border collies simplesmente latem e mordiscam. Ele é um bom sujeito, ele na verdade não machuca as pessoas, é apenas um problema de limites.* Eu estimava as namoradas, não apenas por serem minhas amigas, mas porque nunca precisava dar explicações. Elas enxergavam o mesmo Orson que eu conhecia; também o amavam por sua vulnerabilidade, por ter um grande coração apesar de sua vida tumultuada.

Por vezes, até mesmo estranhos conseguiam enxergar isso em Orson. Uma mulher, na cidade vizinha de Granville, ligou-me uma tarde para dizer que havia lido a respeito de Orson em *A Dog Year*, um livro sobre nosso primeiro ano juntos. Catherine viera de Westchester para ficar com sua mãe, que estava gravemente doente. Embora detestasse pedir, queria saber se eu poderia levar Orson para uma visita. Sua mãe divertira-se lendo sobre ele, estava ansiosa para conhecê-lo e já não podia viajar muito.

— Ele nem sempre é manso — avisei. — Pode ficar excitado algumas vezes. — Mas ela disse que ela e sua mãe, Madeline, correriam o risco.

O marido de Madeline havia sido pecuarista até morrer, cinco anos antes. Ela permanecera na fazenda o quanto pudera, mas seus dias por lá estavam contados. Ela vinha decaindo.

Eu desenvolvera uma queda por fazendeiros. Muitos de meus amigos agora eram fazendeiros e eu ficava comovido com o quanto lutavam e com o quão seu estilo de vida parecia estar condenado. Eu não tinha como recusar.

Partimos nessa mesma tarde. A fazenda ficava na Rodovia 22, talvez a aproximadamente 25 quilômetros da minha, a 6,5 quilômetros do único McDonald's em muitos quilômetros.

Caminhões e tratores arruinados, cujas peças haviam sido retiradas para serem utilizadas em outros veículos — ornamentos que caracterizavam os campos da fazenda familiar agonizante — cobriam de lixo a entrada de automóveis. Dois celeiros gigantescos, vazios e abandonados, ameaçavam visivelmente desmoronar. Havia umas poucas galinhas espalhadas pelo terreno, mas não vimos nenhum outro animal. Catharine, uma mulher atraente na casa dos 40, recebeu-nos à porta e nos fez entrar.

A casa cheirava a gatos e doença. Madeline, sentada em uma poltrona na sala de estar, possuía ralos cabelos brancos; um suéter de algodão cobria seu corpo minúsculo, como o de um passarinho.

Ela falava no tom triste e meditativo de quem sabia que o tempo era curto.

— Eu esperava passar alguns anos na Flórida — disse, após se desculpar pela casa. — Mas acho que em vez disso vou para uma casa de repouso. Tinha esperanças de morrer na fazenda, mas talvez isso não seja possível.

Orson descobrira uma namorada — qualquer fêmea que o achasse bonito e carinhoso — e caminhou direto para Madeline. Como se se conhecessem há anos, ele contornou sua cadeira e lhe ofereceu a pata. Então lambeu-lhe a mão e descansou a cabeça em seu colo.

Comecei a chamá-lo, temendo que aquela frágil mulher não conseguisse lidar com ele, mas parei quando a vi segurar a cabeça dele para um abraço. Ele fechou os olhos, ela também.

Os dois provavelmente permaneceram sentados assim por poucos minutos apenas, mas pareceu se passar muito mais tempo.

— Temo que essa seja a última vez que eu vá abraçar um cão meigo como este — disse Madeline, derramando algumas lágrimas, parecendo embaraçada. — Ele é tão maravilhoso quanto eu sabia que seria.

E o que eu podia dizer?

Orson, Jon e Clem.

Capítulo quatro

O acordo

Desde o instante em que Orson chegou a Nova Jersey, nossa vida juntos foi moldada por uma série quase ininterrupta de disputas, conflitos, mal-entendidos e confrontos, pontuada por muita diversão, amor e um apego sempre crescente.

Discordávamos sobre seu direito de caçar ônibus escolares ou crianças em bicicletas e *skates*. Ou sobre sua tendência a arremeter contra cães pequenos e tentar pastoreá-los quarteirão abaixo em minha direção. Ou sobre sua predileção por irromper dentro do quintal de pessoas desconhecidas à procura de cães, gatos e hambúrgueres nas grelhas.

Eu não achava correto que ele abrisse a geladeira com o focinho, pegasse comida dos recipientes de plástico e escondesse as embalagens vazias embaixo dos sofás. Ou que se lançasse através de janelas de vidro. Ou que abrisse caminho através, ao redor e sob a cerca de estacas no quintal.

Eu discordava veementemente que ele enfiasse o focinho nas sacolas de papel no carro, retirasse o presunto e o peru dos sanduíches e deixasse o pão.

Uma de nossas desavenças típicas, muitas vezes memoráveis, centrava-se na gata de uma vizinha, que constantemente o desafiava respaldada pela segurança de uma janela na sala de estar, ciciando e exibindo o traseiro enquanto ele latia e gania preso na coleira. Uma manhã de verão, a janela estava aberta, nada restando além de uma tela entre essa gata provocante e Orson. Não concordei com a decisão dele de subir correndo no balcão, saltar através da tela (o buraco resultante em formato de cão parecia coisa de desenho animado do Coiote) e perseguir a gata pela sala de estar, por cima do casal que estava dormindo na cama, no andar de cima dentro do sótão, onde ele encurralou o aterrorizado animal (mas não o feriu) e então voltou via tela rasgada. As pessoas disseram que meus gritos e xingamentos puderam ser ouvidos por todo o quarteirão. Eu manifestava com veemência meus pontos de vista discrepantes. Essa desavença me custou quinhentos dólares em lâmpadas quebradas e conserto de tela. Nunca mais vimos a gata na janela novamente.

Brigávamos a respeito da intimidação a que Orson submetia Homer — ele olhava feio para Homer e o afastava da comida, então tentava roubá-la —, das investidas e mordiscões nas pessoas que se aproximavam do portão, ou de sua louca perseguição a caminhões de lixo e carros do corpo de bombeiros.

Tínhamos visões de mundo distintas, ele e eu. Por vezes ele me obedecia, quando era conveniente ou não havia nada mais urgente a fazer. Orson era, sem dúvida, um desses cães que estão preparados para seguir o próprio caminho e assumir alegremente as conseqüências. Obediência era, para ele, um conceito flexível, uma daquelas idéias importantes para mim, mas nem sempre relevantes para ele. E esses eram instintos dominantes e poderosos. Raras vezes havia um bilionésimo de segundo entre o momento em que ele via alguma coisa — a gata, por exemplo — e o instante em que disparava atrás dela. Eu raramente tinha tempo de me mover, muito menos de emitir comandos.

Nossas rixas crescentes culminaram quase literalmente em uma briga de socos quando ele abriu a porta de tela da varanda da frente certa manhã, saiu de casa correndo, disparou para a rua e tentou pastorear mais um ônibus escolar que passava. Eu não achava essa obsessão nem engraçada nem trivial: ele podia facilmente ter morrido e as crianças no ônibus se machucado pela freada brusca do motorista. Havíamos brigado por isso muitas vezes, incluindo a ocasião em que tínhamos fugido da polícia.

Dessa vez fiquei furioso. Eu achava — e talvez visse as coisas de forma diferente agora — que ele entendia que estava sendo provocante e perigoso, que estava me contrariando de propósito, que estava me ignorando, rejeitando minha autoridade. Todos os livros de treinamento que eu andara lendo diziam que eu devia mostrar a ele quem era o chefe, forçá-lo a aceitar minha autoridade, assumir o controle.

Na ocasião, prendi-o com raiva na coleira e o arrastei para dentro, apenas para que ele se livrasse da guia e disparasse atrás de outro ônibus quando o levei para passear meia hora mais tarde. Eu estava exausto e frustrado, cansado de brigar com Orson, cansado de perder. Meses desse tipo de incidentes fizeram alguma coisa em mim estalar e arremeti para a rua, arrastei-o para a calçada, lancei-o cerca de três metros adiante dentro de uns arbustos, atirei a pá de recolher as fezes sobre ele, junto com meu boné dos Yankees, e gritei com ele dizendo que ele era mau, que nunca mais deveria fazer isso, que ele não ficaria comigo se isso continuasse. Disse-lhe simplesmente que ele não poderia viver comigo em Nova Jersey se alguma coisa não mudasse.

Orson ficou chocado com minha raiva e meus gritos, e assustado também. Deitou-se de costas com as patas para o ar, um surpreendente gesto de submissão da parte de um cão implacavelmente dominador. Eu estava quase chorando de frustração, despedaçado por meu crescente amor por aquele cão, e meu crescente entendimento de que me comunicar com ele, compreendê-lo, treiná-lo e controlá-lo estava, até então, acima de minhas forças e causava problemas para ambos.

Eu não sabia o suficiente a respeito dele, ou a respeito de cães. Estava perdendo a conta de quantas vezes ele quase se matara, ou assustara e molestara alguma pessoa ou cão.

Durante um dos primeiros passeios de Paula sozinha com ele, ele fugiu para o meio da rua e foi atingido de raspão por um carro que passava. Foi lançado a quatro ou cinco metros, então ficou de pé. O veterinário não conseguiu encontrar nada de errado nele.

Mas Orson não podia viver em Nova Jersey dessa forma. Ou eu fazia melhor, ou o enviava de volta ao Texas. Acho que foi nesse momento que percebi que nunca o devolveria, que faria algo razoável e dentro de minhas forças para treiná-lo, acalmá-lo e mantê-lo em minha vida.

Conversei com ele a respeito disso naquela manhã, enquanto os vizinhos apreciavam estupidamente o espetáculo: Orson aninhado em meus braços; boné, pá de recolher fezes e outros despojos espalhados por perto, o motorista do ônibus se afastando zangado, gritando impropérios para mim e para Orson. Machuquei Orson naquela manhã, atirando-o para todo lado daquela forma. Assustei-o e a mim mesmo, mas também compreendi a profundidade de meu afeto — e comprometimento com ele.

— Não podemos continuar assim — expliquei. — Preciso fazer melhor. Você precisa fazer melhor. Preciso ser mais claro, encontrar uma forma de me fazer entender por você. Você precisa me escutar e parar de fazer coisas malucas que acabarão por feri-lo ou a alguma outra criatura.

Ambos começamos a nos acalmar. Sua cauda começou a balançar e ele estendeu-se para lamber meu rosto. Senti que de alguma forma eu me comunicara com ele, que lhe dera uma sacudida.

Desse confronto surgiu uma compreensão fundamental entre nós. Eu às vezes chamava a isso de nosso acordo, ou nosso contrato, porque dizia respeito em muitos sentidos a confiança e comprometimento, ao amor que eu sempre desejara e precisava e do qual ele parecia precisar também. Era um acordo significativo, que em breve mudaria minha vida de forma dramática e completamente inesperada.

Olhando para trás com a prerrogativa do tempo, isso parece arrogante, impróprio, até mesmo absurdo. Os cães possuem mentes complexas e maravilhosas, mas são diferentes de nós de muitas maneiras. Eles pensam, mas não como nós. Concluem, mas não da forma como o fazemos. Não conseguem estabelecer acordos. Não adotam nossas idéias sobre confiança e normas de conduta, não podem responder por nossas noções de comprometimento e responsabilidade, por nossas necessidades e desejos.

Sentado aqui na fazenda, essa importante discussão — talvez uma aliança — parece ter ocorrido em um passado distante. É difícil imaginar minha vida antes de Orson, agora que acordo às cinco da manhã para passear com os cachorros e carregar feno para o rebanho, que passo o dia recolhendo ovos e cuidando do casco rachado de um jumento e vou dormir às nove da noite.

Sempre adorei cães, mas eles pairavam em segundo plano em minha vida. Eu não tinha motivos para pensar muito a respeito, até que Orson chegou. Então eles subitamente explodiram em posição central e eu pensava neles a maior parte do tempo. Orson mudou o estilo e a ordem das coisas.

Eu era prisioneiro e vítima de minha própria boa vontade e ignorância vacilantes, de modo que, em pouco tempo, Orson também. Se eu soubesse na época o que sei agora, não consigo me imaginar entrando em nenhum tipo de acordo com um cão. Mas se soubesse mais, não teria dirigido até o Aeroporto de Newark para receber aquele cão. E teria sido muito mais infeliz.

— Eis a questão — pensei em voz alta e expliquei a Orson naquela manhã em Nova Jersey, enquanto a vida do bairro transcorria curiosamente a nossa volta. Se as pessoas estavam admiradas com um homem recostado na hera com um cão no colo, também cuidavam da própria vida, encaminhando-se para o trabalho ou para a escola. Muitos deles haviam me visto perseguir aquele cão pelos quintais e pelas ruas por meses.

Era hora de uma mudança.

— Vou manter minha confiança em você. Vou continuar comprometido com você. Não vamos abandonar um ao outro. Não vamos desistir um do outro.

Eu estava convencido de que ele estava tão comprometido com esse acordo quanto eu. Eu faria qualquer coisa razoável para ajudá-lo, treiná-lo, acalmá-lo, guiá-lo, orientá-lo e para mostrar a ele como viver no mundo. Ele se ligaria a mim, aprenderia e cresceria comigo, e seríamos capazes de viver juntos, alegre e afetuosamente.

As coisas melhoraram depois daquela briga terrível. Orson nunca mais perseguiu um ônibus escolar depois daquela manhã. Prestava mais atenção em mim, ainda que nem sempre. Nosso trabalho básico e cuidadoso de fundamentação e obediência começou a recompensar. Ele não se tornou um cão diferente, mas ficou mais calmo. Comecei a entender que minha função era liderá-lo e guiá-lo, não barganhar com ele. Isso o beneficiava mais.

Nossas disputas continuaram, uma vez que a vida na fazenda apresentava uma ampla gama de coisas a respeito das quais discordar. Eu não concordava com seu costume de atacar e morder portões e portas. Não podia endossar a forma brutal com que ele lidava com o rebanho. Opunha-me a que mergulhasse em arbustos e carrapichos grudentos, a que devorasse animais mortos e fezes de cervo, à perseguição implacável a que submetia Holmer.

Mas nosso pacto foi um divisor de águas. Se estávamos comprometidos um com o outro, se não era possível voltar atrás, então como minha vida com ele podia fracassar?

Era um dia quente de primavera na fazenda. Rose, um pouco cansada por ter feito as ovelhas cruzarem a estrada e ter cuidado delas no pasto, cochilava na área cercada atrás da casa. Clementine, meu novo filhote de labrador, estava perto dela, roendo satisfeita um pedaço de couro. Após umas poucas semanas rosnando sempre que Clem se aproximava, Rose lhe permitia que se acomodasse por perto. (Rose ainda não se dignava a brincar — ela não brincava, nunca havia brincado, fato que parecia deixar Clementine profundamente intrigada.)

Rose erguia a cabeça de vez em quando para ver onde as ovelhas estavam, então descansava.

Orson e eu havíamos saído para um piquenique, subindo juntos a encosta do pasto em direção às duas espreguiçadeiras que eu instalara ali. Na maioria dos dias, se o tempo permitia, almoçávamos lá em cima. Eu geralmente fazia para mim um sanduíche, levava uma maçã e uma garrafa de água na mochila, junto com alguns biscoitos.

Penetramos no pasto — as ovelhas eram escassas — e Orson me rodeou, feliz por estar junto. Assim como Rose, ele possuía uma tendência conceitual: mesmo que não soubesse exatamente o que estávamos fazendo, aderia ao projeto. Se eu pegasse a mochila e me encaminhasse para o portão, subiríamos a encosta, então ele se encaminhava ao portão, contente por participar desse novo ritual.

Se existia um lugar na terra que era o nosso favorito, era provavelmente o alto da encosta, embora logo fôssemos descobrir outro. As espreguiçadeiras haviam sido fabricadas por Don Coldwell, um hábil carpinteiro e amigo que vivia na cidade. Ele também confeccionara para mim uma linda bengala — com a inscrição "Bedlam Farm" — que ajudava a me firmar enquanto realizávamos a escalada.

O lugar ficava a cerca de quinhentos metros da casa da fazenda, e precisávamos subir uma encosta íngreme — eu sempre ficava um pouco sem fôlego, Orson nunca —, abrir o portão mais elevado e virar à esquerda em direção a um local sombreado onde se acomodavam as duas espreguiçadeiras, quase ocultas pelas árvores.

A caminhada ficava cada vez mais difícil à medida que os problemas em minha perna se agravavam. Meu joelho doía e meu tornozelo estava fraco e por vezes se dobrava de repente. Em muitas ocasiões, com freqüência cada vez maior, eu caía. Foi uma jornalista de Vermont em visita que percebeu que, em certos pontos de nossas caminhadas, Orson pressionava com força meu joelho. Eu achava que ele queria apenas um afago, mas assim que ela me perguntou a respeito, percebi que isso acontecia em locais onde eu havia caído no passado. Ele se lembrava. Quando eu caía, ele corria para mim, lambia freneticamente meu rosto e mordiscava minha orelha até que eu me levantasse. De modo algum ele me deixaria deitado ali.

Em tais momentos, para mim ele se parecia sobretudo com Rin Tin Tin. Eu achava que se tropeçasse e, por alguma razão, não conseguisse levantar, podia me virar para ele e dizer "Orson, garoto, vá buscar ajuda! Vá chamar Anthony!", e ele sairia feito um foguete e meu amigo Anthony Armstrong logo chegaria com estrépito em sua picape para me salvar.

Eu passara a ver Orson como meu guardião, meu protetor. Isso de alguma forma parecia fazer parte do acordo. Tomaríamos conta um do outro. Rose era um cão trabalhador muito melhor, mas era para Orson que eu me voltava quando pensava que podia estar em dificuldades — quando aparecia um cão ameaçador, quando um porco selvagem surgiu da floresta próxima e atacou Rose, quando a nevasca veio rugindo do Canadá, quando coiotes ficaram rondando na colina, quando precisava de companhia para escalar a encosta. Orson apoiava minha retaguarda. Ainda tínhamos um monte de desavenças, mas ele era um bom homem em uma rixa, corajoso, dedicado, leal, um guerreiro do amor.

Assim que chegamos ao topo da encosta, Orson desabou e apoiou a cabeça sobre um de meus pés. Lancei um profundo suspiro e contemplei o vale formoso e verdejante que se estendia por todo o caminho até Vermont, as ovelhas pastando embaixo, minha bonita e antiga casa de fazenda com sua rica história, os falcões circulando no alto. Balancei a cabeça maravilhado por ser dono daquele local e senti-me quase inundado de gratidão pelo cão que de algum modo, de formas que eu sequer começara a entender, conduzira-me até ali.

Às vezes eu lia ou cochilava na brisa morna. Nesse dia, apenas me inclinei para coçar o focinho de Orson. Sentíamo-nos mais tranqüilos lá em cima do que jamais nos sentíramos em qualquer outro lugar.

Então fizemos a caminhada muito mais fácil de descida para voltar. Na base da encosta, deixei Rose e Clem saírem do cercado e os quatro atravessamos a estrada e descemos até o pasto, para que os cães mergulhassem no rio a fim de se refrescar e nadar.

Orson era sempre o primeiro a percorrer o caminho e a entrar na água. Ele adorava circular algumas vezes como uma senhora idosa na praia, então disparar de volta em minha direção. Clem caçava gravetos e bolas, enquanto Rose atravessava rapidamente para a margem oposta para ver se havia alguma coisa para pastorear.

Então todos voltamos. Ocorria-me, nessas caminhadas, que meu tempo na fazenda talvez fosse limitado. Eu estava ficando mais velho. A fazenda assentava-se em encostas íngremes, lamacentas na primavera, traiçoeiramente congeladas no inverno. Às vezes eu me sentia afundar nos rituais e trabalhos diários da fazenda. Minha perna latejava quando subia a encosta e a dor era um castigo.

Bedlam Farm era um local desanimador para um homem de meia-idade com uma perna defeituosa. Mas eu não estava sozinho ou desprotegido. Orson e eu havíamos feito um bom acordo, e o estávamos cumprindo à risca.

Orson, Rose e Clem.

Capítulo cinco

O grande mordiscador

Chris, o carteiro, dirigia muitos quilômetros ao longo da estrada rural que cobria. Vinha à minha casa três ou quatro vezes por semana, trazendo livros, CDs, acessórios de computador e provisões para a fazenda e para os cães.

Ele adorava cães — possuía três — e sabia como lidar com os que encontrava. Pode-se dizer que ficava tranqüilo perto deles.

Quando sua camionete parava no acesso de veículos, bem ao lado do pátio dianteiro e da porta lateral que dava para a casa, Orson costumava ficar frenético. Mas Chris, calmo e experiente, saía da camionete, retrocedia calmamente, evitava o contato visual e se aproximava da casa caminhando em diagonal, ao mesmo tempo falando normalmente, dizendo "Ei, Orson", e elogiando-o quando ficava quieto. Em geral, Orson não ficava quieto. Mas adorava comida, e quando Chris enfiava a mão no bolso para pegar um biscoito, os latidos paravam. Então Chris atirava a guloseima por sobre o ombro do cachorro.

A idéia era acalmar Orson, recompensá-lo por ficar tranqüilo e direcionar sua atenção para longe da camionete e de Chris. Nesse meio-tempo, quando eu ouvia os latidos, saía para pegar os pacotes e pôr Orson na coleira. Perto de mim e longe da entrada, Orson sossegava. Quando estava calmo, Chris lhe atirava outra guloseima, e logo Orson aceitava tapinhas e afagos e lambia a mão de Chris. Em geral, levava dois ou três minutos para que Orson se tranqüilizasse o bastante para se tornar confiável. Então eu removia a coleira e ele cheirava amigavelmente em torno da camionete.

Chris e eu levávamos a sério esse ritual de pacificação e aclimatação. No decorrer de seis meses, Chris provavelmente viria à fazenda quase cem vezes. Concordamos que se continuássemos com isso, Orson aceitaria a presença da camionete e de seu motorista. Com preâmbulos, biscoitos para cachorros, afagos e abraços suficientes, Orson captaria a idéia. Ele se dessensibilizaria com relação à camionete, daria as boas-vindas a Chris e, além disso, talvez ficasse mais tranqüilo com outras pessoas.

Em um dia de primavera — Chris acha que devia ser sua 17ª ou 18ª entrega — Orson não latiu quando a camionete do correio parou no acesso de veículos. Ele apenas se sentou quieto, abanando o rabo. Eu estava no celeiro, realizando serviços de rotina.

Chris saiu e lançou a Orson o biscoito habitual. Ele o devorou e se aproximou calmamente, a cauda balançando mais rápido, as orelhas em pé. Pareceu reconhecer Chris instantaneamente, e estava concentrado na mão dele — a fonte das guloseimas.

Chris, satisfeito, pensou que o houvesse dobrado. Aproximou-se devagar, lançando biscoitos a cada poucos segundos. Orson comeu os biscoitos, virou-se e deu uma mordida suave, uma mordiscadela no polegar da luva direita de Chris, quase a arrancando. Não houve sangue, não houve lesão, apenas espanto.

— Realmente pensei que houvéssemos conseguido — disse Chris.

Os border collies às vezes mordiscam, mordem levemente, pessoas, animais, bolas, qualquer coisa que se afaste deles rapidamente. É um comportamento natural, a forma como controlam animais de grande porte e os induzem a ir para onde querem que eles se encaminhem. Quando pessoas como eu ganham um cão como Orson, tendem imediatamente a exigir que o animal suprima seus comportamentos naturais e viva da forma como as pessoas determinam. Há, inevitavelmente, certa tensão. Na verdade, pode ocorrer uma guerra civil.

Considerei a briga em Nova Jersey a nossa guerra civil particular, uma espécie de trégua. Bem mais tarde, reconheci-a apenas como o primeiro de numerosos momentos decisivos. Eu continuava querendo dar por terminada nossa luta pessoal, proclamar-me vitorioso e abandonar o campo de batalha. Mas é claro que o combate havia apenas começado.

Por qualquer que fosse o motivo, Orson parecia prestar mais atenção em mim depois dessa disputa. Aceitava minha autoridade mais prontamente, ou pelo menos a idéia dela. Ainda assim, nosso entendimento não significava o fim da longa e penosa batalha que esse cão enfrentou para sujeitar sua natureza às expectativas humanas.

Milhões de cachorros realizam essa adaptação todos os dias. Muitos não o fazem, freqüentemente com conseqüências tristes, e quanto mais poderosos os instintos, ou quanto mais transtornado o animal, mais dura a batalha.

Os border collies muitas vezes aborrecem as pessoas com quem têm contato primeiramente porque se espera que sejam ninhadas inteligentes; seus donos não reconhecem que eles também são enérgicos, instintivos, até mesmo criaturas estranhas. Quando não recebem trabalho, encontram-no por si próprios, e é provável que não seja a espécie de trabalho que desejamos ver feito. Pensamos nesses cães pastoreando ovelhas, mas suas próprias definições de trabalho são muito mais flexíveis.

Orson, por exemplo, não gostava do local onde eu guardava as revistas que afluíam semanalmente para nossa casa em Nova Jersey. Decidiu mudá-las de lugar. Todas as vezes que eu dava uma olhada, ele estava subindo ou descendo a escada às pressas com uma nova *Newsweek* ou *Rolling Stone* na boca. Paula e eu deixávamos as revistas em uma pilha no andar de baixo, onde podíamos folheá-las à noite. Orson, entretanto, achava que elas deveriam ficar no andar de cima, ao lado da cama.

Esse era o trabalho perfeito para um cão obsessivo tentando manter-se ocupado. Eu censurava Orson quando o surpreendia, e tornava a colocar as revistas na pilha, mas não consegui subverter essa nova rotina. Após alguns meses, começamos a ler as revistas na cama.

Em geral os border collies não devem usar a boca quando trabalham. Mas aprendi que há vezes — digamos, ao lidar com ovelhas rebeldes, carneiros indisciplinados e jumentos nervosos — em que mordiscar torna-se uma ferramenta essencial. Um bom pastor não morderá uma ovelha, mas pode "arrancar um pouco de lã" de vez em quando.

Rose mordiscara vacas para movê-las e fizera carneiros recuarem mordiscando-lhes o focinho; por vezes isso se mostrava uma ferramenta inestimável, até mesmo uma questão de sobrevivência. Ocasionalmente, duas ou três ovelhas enfiam na cabeça que não querem cruzar a estrada para pastar, ou desejam fugir do tosquiador ou do veterinário. Rose convence-as do contrário, algumas vezes mordiscando-lhes discretamente o focinho ou o traseiro.

De vez em quando as ovelhas se cansam ou sentem calor. Às vezes querem defender os carneirinhos. Por vezes apenas se aborrecem. Elas escoiceiam, corneiam ou fogem, desafios que um cão trabalhador como Rose rapidamente aprende que precisa vencer por quaisquer meios. Portanto, eventualmente muitos border collies mordiscam.

Orson era um mordiscador — o Grande Mordiscador, comecei a chamá-lo. Em Nova Jersey, onde havia muito mais gente por metro quadrado, ele ocasionalmente mordiscava pessoas que o agarravam com muito entusiasmo perto do focinho ou da cauda, ou pessoas que se aproximavam demais do portão do quintal. Mordiscava caminhões de lixo quando podia.

E em certas ocasiões ele era mais que um mordiscador. Quando altamente excitado, ficava cada vez mais enlouquecido, latindo e investindo, um pouco fora do meu controle ou do dele mesmo. Cada dono de cão tem suas próprias definições, mas considero um cão potencialmente perigoso quando não pode ser instantaneamente detido cem por cento do tempo. Era o caso de Orson.

Ele parecia girar em círculos. Às vezes a excitação melhorava, às vezes piorava. Eu estava sempre festejando o antigo, então me desesperando com o novo, sempre certo e sempre errado.

Mas se Orson era um tormento, era um tormento controlável. Em Nova Jersey, onde a vida ia do caótico ao normal, semanas inteiras se passavam sem incidentes. Saíamos para longos passeios nas vizinhanças, viajávamos para Raspberry Ridge para as aulas, encontrávamos outros cães e apreciadores de cães nos parques locais.

É onde culpa e responsabilidade freqüentemente entram em conflito com um cão como esse: Orson quase sempre deveria estar na coleira, na caixa ou em um canil, ao menos até estar total e completamente treinado. Eu sabia, mesmo então, que a maioria dos border collies não consegue viver plena ou alegremente em um local como o subúrbio de Nova Jersey. Em parte, foi esse o motivo por que comprei a fazenda.

Em minha opinião, mesmo antes dessa época, Orson precisava de mais, e eu estava decidido a lhe proporcionar isso. Ele precisava de muito exercício, então eu o levava para correr em parques às cinco da manhã, quando não havia muita gente por perto. Precisava explorar, então eu o levava para passear sem coleira em horas estranhas, quando trabalhadores não estavam correndo de um lado para o outro e crianças não estavam a caminho da escola. Normalmente dava certo. Às vezes ele se metia em encrenca, e a culpa era minha, não dele.

Como o dono, Orson era cheio de contradições. Demonstrava enorme doçura e autêntica insanidade, em proporções quase iguais. Orson gostava de mulheres, de quase todas as idades, em qualquer formato, tamanho ou cor. Do que não gostava era de qualquer pessoa atravessando o que chamo de pontos de transição — portas, portões, cercas. Não gostava muito de homens. Não gostava de homens vestidos com roupa escura. Detestava especialmente homens com roupa escura carregando ferramentas.

Não sei se tais aversões procediam de algum comportamento atávico de pastoreio do border collie, de uma tendência à superexcitação, de uma territorialidade hiperdesenvolvida, ou de completa insanidade.

Certa tarde em Nova Jersey, um jardineiro passou carregando um ancinho. Orson saltou sem aviso e começou a morder o ancinho, tentando arrancá-lo da mão do sujeito. O pobre homem largou o instrumento e saiu correndo. O que significava isso? Alguém alguma vez golpeara Orson com um ancinho? Será que ele achava que era sua função manter pessoas portando pedaços de pau longe de mim?

Eu não sabia. Nunca saberia.

Orson adorava crianças, mas onde adquirira um ódio visceral a lancheiras? Adorava carrinhos de bebê, farejando atrás dos bebês em busca de comida. Sentia-se atraído por qualquer pessoa em cadeira de rodas e gostava muito de idosos, procurando-os, seduzindo-os, acariciando-lhes as mãos com o focinho. “Que amor”, diziam eles. “Que doçura!” Quinze minutos mais tarde, algum adolescente em um *skate* estaria correndo para salvar a própria pele. Há uma grande diferença entre mordiscar e morder, mas é uma distinção muitas vezes (compreensivelmente) insignificante para o receptor. O fato de ser um border collie não é desculpa para que meu cachorro mordisque alguém. Preciso estar ciente de que um cão como Orson pode mordiscar coisas que se movem com rapidez e adotar as precauções necessárias.

Por vezes eu me esquecia do que Orson demonstrava de forma tão dramática — que cães possuem mentes estranhas, freqüentemente além de nossa compreensão.

Na fazenda havia ciclos diferentes, novas realidades.

Naquele primeiro ano, passamos a maior parte do tempo sozinhos, sobretudo no inverno rigoroso. Passavam-se dias sem que quase ninguém visitasse a fazenda, o que permitiu a Orson, talvez pela primeira vez, acomodar-se a uma rotina tranqüila. Havia poucas coisas por perto para excitá-lo, poucas pessoas, caminhões, cães, sirenes. Ele teve a chance de trabalhar sua agressividade, ou sua atitude defensiva — o que quer que fosse — correndo pela floresta várias vezes ao dia, desgastando-se.

Os ataques de Orson eram temerários. Ele chocou-se violentamente contra uma árvore enquanto perseguia um esquilo, quebrou a perna (duas fraturas) saltando muros de pedra, cortou a pata em arame farpado antigo, oculto na floresta. Mas também gostava de seus confortos de animal. Em dias de muita neve, de frio cruel, ficava feliz em enroscar-se dentro de casa enquanto eu trabalhava, ao passo que Rose se sentaria alegremente do lado de fora sob uma nevasca até se tornar um monte indistinto na neve.

Meu amigo Anthony, que talvez conhecesse Orson melhor do que qualquer pessoa no norte do estado, além de Paula e eu, gostava muito de Orson, mas aproximava-se dele com cuidado. Ele entendia os fios cruzados de Orson.

Crianças que vivem no campo muitas vezes precisam fugir de cães que andam a esmo, embora nem sempre consigam correr rápido o bastante. Elas tendem a respeitar a natureza dos cães, enquanto as que moram nas cidades e nos subúrbios são mais propensas a esquecer que seus cães são animais.

Assim, Anthony sabia que Orson podia tentar mordê-lo se estendesse a mão por sobre a cerca do canil ou entrasse em casa, não importa o quanto o cão parecesse reconhecê-lo ou quantas vezes Anthony dissesse seu nome. Ele entrava dizendo "Orson, Orson, para trás". Às vezes atirava um biscoito primeiro, para distrair e acalmar Orson, que parecia recuperar o autocontrole e se aproximava de Anthony para receber um afago.

Brincando com Anthony a respeito da tendência de Orson a mordiscar, comecei a pesquisar a definição legal para uma mordida de cão. Descobri que, na maioria dos estados, uma "mordida" requer penetração, seja da carne, seja das roupas. As mordiscações, por outro lado, em geral não são consideradas mordidas se não causam dano ou não deixam marcas.

— Ele me mordeu! — gritava Anthony nas ocasiões em que Orson o perseguia.

— Não — eu retrucava. — Ele mordiscou você. De acordo com a lei, ele não mordeu ninguém.

Era uma brincadeira divertida, embora também fosse uma justificativa para persuadir a mim mesmo, uma forma de evitar meus medos com respeito àquele cão.

Eu me escondia atrás de detalhes técnicos, insistindo no fato de que uma mordiscação era desagradável, ainda que mais ou menos natural na raça, ao passo que uma mordida era diferente, algo que outros cães faziam — assim eu me tranqüilizava. Até que, um dia, um de meus vizinhos veio me fazer uma visita. Queria que eu soubesse que Orson o atacara e rasgara o punho de seu moletom. Mostrou-me a manga rasgada.

— O que aconteceu? — perguntei, alarmado.

Ele havia se aproximado da porta dos fundos e Orson investira contra o portão do canil no quintal, latindo furiosamente. O sujeito estendeu a mão para acalmar e acariciar Orson, com quem já se encontrara várias vezes, e ficou surpreso quando Orson disparou e rasgou seu moletom.

— Ele me pegou em cheio — acrescentou.

Minha primeira reação foi de contrariedade: meu vizinho não sabia que era imprudente aproximar-se de um cão excitado em seu próprio território? Por que ignorara os latidos de Orson, sua óbvia perturbação? Por que estender a mão por sobre a cerca em direção a um cachorro que estava fora de controle? Isso não era procurar encrenca?

Mas rapidamente percebi que eu estava sendo arrogante, insensível. Sim, aquela não era a melhor maneira de se aproximar de um cão excitado, mas meu vizinho deveria de fato saber disso? Por que meu primeiro impulso fora culpá-lo, em vez de culpar a mim mesmo? Não era uma questão de culpa — Orson não tivera a intenção de causar nenhum dano, tampouco meu vizinho —, era uma questão de encarar a realidade.

Minhas reações subseqüentes foram mais preocupantes. Vizinhos subiam a encosta da fazenda o tempo todo, muitas vezes com seus cães; crianças vinham me visitar para ver e alimentar as jumentas. Pessoas idosas passavam de carro para dar uma olhada na fazenda, que muitas delas haviam visitado na juventude. Tecnicamente, meu vizinho se comportara estupidamente, mas outras pessoas poderiam agir de forma semelhante. Eu não queria que fossem mordidas, nem elas mereciam.

Muitos donos de cães me disseram não ter sido culpa deles o fato de alguma criança ter sido mordida; deveriam ter ensinado a criança a se manter afastada de cães estranhos. Não concordo — não posso concordar. Se possuo um cão como Orson, é sempre minha responsabilidade, e de alguma forma minha culpa, quando alguém é mordido. Talvez em termos legais Orson não tenha ultrapassado o limite. Embora eu tendesse, como o fazem muitos donos de cães, a não admitir e racionalizar. Sim, ele mordiscava — mas apenas pessoas que se aproximavam do portão. Estava simplesmente cumprindo sua função; era natural que cães protegessem seus donos e seu território. Certo, ele podia ser um pouco assustador, mas apenas para pessoas que não entendiam os cães.

Eu chegava até a empregar algumas racionalizações de outros donos às quais me opunha energicamente: a vítima merecera. Deveria conhecer mais a respeito de cães, aproximar-se do portão com mais cuidado, evitar contato visual, perceber que o cão estava excitado e recuar.

Mas isso não me livrava de problemas. Orson não despertava pela manhã e decidia se seria gentil ou não naquele dia; cães não realizam julgamentos morais conscientes. Ele reagia instintivamente, por razões que eu nunca entenderia por completo.

Mas eu estava errado ao permitir que qualquer cão assustasse, mordiscasse ou mordesse, e então tentasse explicar o fato. Toda vez que Orson, ou qualquer outro cão, investia ferozmente contra um portão ou mordiscava um visitante, sempre que um cão morde uma pessoa, todos os cães sofrem. Sendo as mordidas de cães um problema de saúde epidêmico nos Estados Unidos — milhões de pessoas são mordidas todos os anos, gravemente o bastante para que chamem a polícia —, considero especialmente urgente me certificar de que meus cães não firam ninguém.

Em meu primeiro ano em Bedlam Farm, tivemos poucos incidentes, e os que ocorreram foram fáceis de explicar. Eu vivia com tranqüilidade em meus quase vinte hectares cobertos de neve. Em grande parte daquele inverno tempestuoso, nem mesmo Paula conseguia fazer a viagem a partir de Nova Jersey. Entregadores apareciam raramente. A caixa de correio ficava do outro lado da estrada, portanto o carteiro não precisava se aproximar da casa. Bloqueado pelo gelo, concentrado em escrever meu livro seguinte, acomodei-me a uma rotina bastante tranqüila com meus dois cães. Nunca víamos ninguém em nossas caminhadas até o coração da floresta, e nosso trabalho e as aulas de pastoreio ocorriam cedo durante o dia, longe dos olhos e dos ouvidos de outras pessoas.

Mas à medida que as estações avançaram, vários acontecimentos perturbaram o pacífico equilíbrio de Orson.

Um deles foi a publicação do livro que estávamos escrevendo tão confortavelmente juntos, *The Dogs of Bedlam Farm*. Pessoas que leram a respeito de nosso primeiro ano na fazenda começaram a fazer visitas inesperadas, por vezes trazendo seus próprios cães, por vezes caminhando a partir da cidade ou passando devagar de carro para bater fotografias.

Rose ignorava a maioria dos visitantes. Sentada a uma janela ou no quintal, tomando conta das ovelhas, recebia os visitantes com uns poucos latidos superficiais. Orson perseguia todos os passantes, tornando-se inquieto e tumultuando nossos dias. Nada o deixava mais louco do que sair e ver um cão estranho no pasto, ou mesmo um carro na estrada. Enlouquecia com pessoas paradas diante da casa batendo fotos ou passeando. Aquilo também me deixava um pouco transtornado, ter de lidar com visitantes inesperados, ainda que bem-intencionados. Talvez nossas reações estivessem conectadas.

Uma manhã, quando Rose, Orson e eu saímos para nossa sessão de treinamento, descobri um casal e seus dois pastores alemães no pasto. Os cães latiam para o rebanho (eles ao menos estavam na coleira) e as pessoas ocupavam-se com suas câmeras.

— Ah, estamos só de passagem — disseram. — Esperamos que não se importe.

Eu me importei. As jumentas observavam a cena preocupadas — para proteger o rebanho, certamente atacariam ou dariam coices em intrusos. Rose estava prestes a partir para cima dos dois cachorros. Consegui agarrar a coleira de Orson — que estava frenético — antes que ele causasse algum dano.

Os visitantes retrocederam precipitadamente, desculpando-se. Eu desejava ser hospitaleiro, e normalmente teria adorado exibir as habilidades de Rose, mas aquelas pessoas estavam expondo ao perigo a si mesmas e a meus animais.

Decidi que precisava de uma barreira que permitisse aos cães permanecer e correr ao ar livre em segurança. Havia uma área cercada para os cães nos fundos, mas eu queria uma cerca que incluísse o pátio dianteiro. Isso estabeleceria um limite que visitantes e vizinhos — e, principalmente, Orson — respeitariam; a cerca o protegeria, protegeria os visitantes e minha privacidade.

Assim, Anthony construiu uma elegante cerca de madeira branca em frente à propriedade, nos moldes das que se vêem em haras. Levou algum tempo. Ele precisou perfurar à mão as cavidades para as estacas e medir cuidadosamente as tábuas. Anthony acrescentou uma malha de arame verde para que os espertos border collies não deslizassem por entre ou sob as tábuas. A cerca levou algumas semanas para ser construída, mas, uma vez pronta, proporcionou-me a liberdade de abrir a porta da frente para deixar os cachorros saírem a fim de pegar sol ou brincar.

Eu esperava que isso oferecesse proteção a Orson e às pessoas. Meu plano era me sentar do lado de fora com ele por certo tempo todos os dias, para obrigá-lo a deitar-se e ficar quieto quando um ciclista, excursionista ou motorista de caminhão passasse, e então cobri-lo de guloseimas quando obedecesse. Eu daria a qualquer dono de cão altamente excitável, que adora pular cercas, o mesmo conselho: use alimento e treinamento calmante para mostrar a ele, repetidamente, que os visitantes são permitidos. Reforce-o e recompense-o por ficar calmo, em vez de gritar e reforçá-lo quando late ou ataca. Na verdade, cães não fazem distinção entre boa ou má atenção; eles adoram os dois tipos.

Tornava-se cada vez mais evidente que quando um caminhão passava — especialmente aqueles com motores a *diesel* —, ou uma pessoa parava perto do portão, Orson simplesmente perdia o controle. Entrava em um estado febril, no qual se atirava furiosamente contra a nova cerca, latindo e rosnando.

Assim, realizamos mais treinamento. Passávamos no mínimo uma parte de cada dia esperando por caminhões e carros. “Deite”, eu ordenava. Após duas ou três tentativas, ele em geral obedecia. Então eu atirava alguns petiscos. De quando em quando, sentava-me no gramado ao lado dele, dando-lhe tapinhas no dorso, acalmando-o à medida que o intruso se afastava. Às vezes funcionava, às vezes não.

Eu refletia, sentindo-me culpado, sobre o fato de que poderia ter agravado o problema. Quando Orson (então Devon) chegou, estava tão fora de controle que fiquei desesperado para lhe dar alguma coisa para fazer, alguma coisa que ajudasse a acalmá-lo e que consumisse toda aquela energia. E o que estimulei foi sua paixão por perseguir caminhões. Eu encontrava áreas cercadas perto das ruas, onde ele podia jogar aquele jogo. Quando um caminhão aproximava-se rugindo, eu dizia, “Vá pegá-lo!” Ele gostava, mais do que qualquer outra coisa, de trotar atrás do ruído por centenas de metros, e então voltar para mim. Desde que ele estivesse a salvo atrás da cerca, aquilo parecia inofensivo.

Não é algo que eu recomende agora, ainda que o exercício lhe desse a oportunidade de correr bastante, de trabalhar, de ser bem-sucedido. Aquilo nunca gerou comportamento agressivo. Agora suas reações eram mais radicais e eu estava tentando treiná-lo para eliminar a reação que costumava encorajar.

A situação também havia mudado. Sempre me surpreendeu o fato de as pessoas se aproximarem da cerca e ficarem ali assistindo enquanto Orson enlouquecia por dez, até mesmo quinze minutos. Elas simplesmente não sabiam que estavam gerando, ou reforçando, um problema. Mas eu continuava responsável pelo comportamento de meu cão, não importa de que lado da cerca ele estivesse, mesmo que eu precisasse combater o instinto de me inclinar para fora da janela e implorar para que as pessoas fossem embora.

A cerca proporcionava a Orson um limite. Era um local onde eu podia deixá-lo a salvo, ao menos quando eu estava em casa, ainda dando a ele e a Rose alguma liberdade. Eu sempre prendia os cachorros quando saía da fazenda.

Mas mesmo com o aumento de visitantes, aquela era uma área rural. Pelos padrões de Nova Jersey, o tráfego era reduzido, eram poucos os passantes. Fora os tolos ocasionais e os entregadores desafortunados que tentavam estender a mão sobre o portão, as coisas permaneceram relativamente estáveis por meses. Talvez aquele fosse o padrão da vida de Orson — alternar paz e caos, cada nova fase uma oportunidade de trabalhar com ele, treiná-lo, tranqüilizá-lo. Ao longo do tempo, e com paciência e persistência de minha parte, eu tinha certeza de que ele melhoraria.

Construída por etapas, que começaram por volta de 1830, minha casa de fazenda é meio que uma miscelânea. Partes dela são bem elegantes, outras estão em séria decadência.

A restauração começou de forma modesta, como freqüentemente ocorre. A última manobra em meu plano em curso para convencer Paula a abandonar Nova Jersey incluía renovar um quarto de dormir não-utilizado no segundo andar para lhe servir de escritório. Anthony estava fazendo um trabalho espetacular ali em nosso segundo inverno, pondo a descoberto antigas vigas de madeira, substituindo janelas que deixavam o vento passar, consertando paredes rachadas, revestindo o soalho de bordo.

Sobre Paula: tentei durante anos fazê-la mudar-se para o campo e estava começando, de certa forma, a perder as esperanças, a entender que aquilo não aconteceria em um futuro próximo.

Eu tinha um casamento afortunado e feliz, e um dos motivos era o fato de termos sempre apoiado o trabalho um do outro. Paula ingressara em seu trabalho quando era um local inóspito para profissionais do sexo feminino. Trabalho para ela nunca fora uma abstração, e sim parte significativa de sua identidade e senso de objetivo. Ela sempre fora repórter, desde o dia em que a conhecera na redação de um jornal, durante os primeiros anos de Emma e depois. Em muitos sentidos, Rose fazia-me lembrar dela — reconheço os riscos de comparar minha esposa com um cachorro, mas aqueles que conhecem Rose e os sentimentos que nutro por ela entendem que isto é um elogio —, e aquele trabalho era um dos pontos centrais em sua vida, sem o qual ela não seria feliz.

Seja como for, mesmo quando estávamos distantes, Paula era um apoio. Eu não teria agüentado um mês sem ela. Paula ajudava financeiramente, administrava as contas, o seguro, os extratos bancários, vinha sempre que podia para auxiliar com as tarefas, estava profundamente envolvida em meu trabalho, sobretudo em ler e editar meus primeiros esboços. E por termos ambos trabalhado por muitos anos como jornalistas, estávamos acostumados a ausências freqüentes. Não gostávamos de estar separados, mas conseguíamos lidar com isso.

Nos últimos anos, Paula suportara sua própria transição para a meia-idade. Passara uma década e meia como jornalista do *The Washington Post* domiciliada em Nova York, um emprego que adorava. Quando o jornal lhe informou que precisava mudar-se para Washington — o que não era uma opção para nenhum de nós dois —, ela saiu. Mas ficou muito triste por partir. Também suportou o peso de nossa decisão de nos desfazermos da casa de Nova Jersey. Quase toda a carga de negociar a venda, livrar-se de décadas de aquisição de objetos, encontrar apartamento e se mudar recaíram sobre ela, que enfrentou tudo com sua incansável e habitual eficiência.

Por mais que deteste mudanças, ela fez um bom trabalho. Aumentou seu horário como docente na Universidade de Colúmbia, começou a escrever para *The New York Times* e outros, e começou a trabalhar no projeto de um livro.

No entanto, Paula continuava sendo uma habitante urbana comprometida, uma nova-iorquina. Mudar-se para a fazenda a isolaria do trabalho e a transformaria na sra. Jon Katz, alguém que nunca tivera a intenção de ser.

Ela adorava ter os cães por perto, e ficava feliz em levá-los para passear, mas não se sentia muito atraída por longas discussões a respeito de seu treinamento ou sua vida emocional. Gostava de visitar as jumentas e distribuir cenouras, mas não queria se aprofundar no mundo dos ferradores, dos abscessos e da odontologia eqüina. Apreciava passear em Hebron, mas sentiria falta dos filmes independentes, de comida tailandesa e de seus amigos caso se mudasse de vez para a fazenda.

Eu sentia saudades. A vida parecia estranha e fora dos eixos sem ela.

As boas notícias, entretanto, eram que Paula, devagar, estava começando a apreciar a fazenda. Começou a construir sua própria vida em Bedlam, fazendo seus próprios amigos, dedicando-se a suas próprias tarefas diárias no celeiro (tais como alimentar as galinhas, que admirava por sua diligente ética do trabalho), cumprindo a antiga promessa de algum dia aprender a cozinhar. Esse era um item de alta prioridade em um local onde o restaurante decente mais próximo ficava a pelo menos 25 quilômetros de distância.

Eu estava favorecendo essa transição com a preparação de seu novo escritório. Qualquer lugar de que Paula gostasse tinha de incluir seu próprio espaço de trabalho e esse agora incluía. Anthony chegara a construir para ela uma escrivaninha com as vigas e tábuas descobertas nos celeiros.

E uma vez que ele já precisara alugar uma caçamba de lixo para puxar para fora o entulho resultante — foi esse o raciocínio —, por que não demolir ao mesmo tempo o teto de telhas acústicas manchado do quarto de cachorro? O sótão ocioso acima dele poderia gerar um amplo espaço.

O "Quarto de Cachorro" — como começáramos a chamá-lo e ainda o fazemos — localizava-se em um dos extremos da casa. Parecia um apêndice bastante recente. Eu presumia que fosse um aposento do início da década de 1960, com seu carpete felpudo laranja, painéis de madeira e uma lareira falsa.

O carpete havia sido manchado, arranhado e roído por gatos e cães muito anteriores aos meus. O cômodo apresentava tantos cheiros pungentes que datavam de muito tempo atrás que os cães ficaram felizes por reivindicá-lo. Pus lá suas caixas e, mesmo quando não estavam presos, eles sentiam-se atraídos pelo local e espalhavam os brinquedos e ossos pelo carpete laranja. Cães não se importam com painéis de pinho repleto de nós nem desejam saber o que há por trás de uma lareira com imitação de tijolos. Eu sim, claro.

Em certa medida, Anthony sabia que o Quarto de Cachorro implicava mais do que um novo teto. Eu, contudo, não fazia a menor idéia.

Anthony era, a essa altura, uma mistura de amigo, irmão e filho, nosso relacionamento crescente limitado por nossas histórias imensamente distintas, mas cada vez mais importante para ambos.

Conversávamos meia dúzia de vezes por dia, gritando insultos fingidos, queixando-nos de alguma afronta recente, partilhando nossas pequenas vitórias. Viajávamos até Saratoga de vez em quando, atrás de hambúrgueres e de cinema, caminhávamos na floresta com nossos cães. Aos domingos, ele e sua mulher, Holly, a filha bebê, Ida Jane, e eu nos encontrávamos para o café-da-manhã em Salem.

Desde que o vira pela primeira vez remendando a porta arriada de meu recém-adquirido celeiro, Anthony e seu negócio haviam feito grandes progressos. Ele originalmente batizara sua empresa de Hands-On Maintenance e passava as semanas substituindo maçanetas e consertando torneiras com vazamentos. Após ter enfrentado tarefas cada vez mais ambiciosas em Bedlam Farm — desde um celeiro de madeira na encosta para os animais, até os novos alojamentos arejados de Paula —, encomendei para ele uns bonés mais adequados à sua missão: *Anthony Armstrong: Repairs and Restorations.* Ele trabalhava como um demônio, tinha muito bom gosto e estava se tornando o comandante de um pequeno time de auxiliares.

Anthony era obcecado pelo Quarto de Cachorro e o que podia estar escondido ali. Ninguém que havia vivido ou visitado a casa tinha idéia do que os falsos tijolos encobriam ou por quê; ninguém de quem se tivesse notícia jamais olhara. Havia uma chaminé deteriorada no exterior da casa, e um fogão a lenha de ferro fundido diante da lareira falsa, portanto parecia seguro supor que em outros tempos ali existira uma lareira verdadeira, ou talvez algum tipo de forno.

O plano era Anthony derrubar as telhas acústicas, então isolar e rebocar o espaço acima, uma arrancada no processo de tornar o cômodo maior, mais claro, menos abandonado, mais apropriado para pessoas. Se sobrasse algum dinheiro, arrancaríamos o carpete. O isolamento também era uma prioridade: quando o vento soprava forte, o cômodo rangia como uma fragata velha sob a borrasca e o ar frio infiltrava-se através do chão. Eu argumentava, sem entusiasmo, que a lareira podia esperar.

Mas no momento em que ele mergulhou lá dentro com seu pé-de-cabra, ficamos ambos olhando para a lareira de "tijolos". Por que ela estava ali? O que havia por baixo? Anthony não agüentava. Ele me aborrecera durante dias para deixá-lo arrancar a parede que a recobria e dar uma olhada. Eu já gastara uma quantia pesada no escritório, mais as contas de veterinário e alimento habituais do inverno. Paula sustentava que as reformas no Quarto de Cachorro eram um atoleiro esperando para acontecer e podiam esperar.

No entanto, eu desenvolvera teorias a respeito da espera. Descobrira que coisas que eu esperava para fazer muitas vezes nunca eram feitas. Poucas pessoas na vida o encorajam a correr atrás delas, a se arriscar; quase todo mundo o avisa para ter cuidado, para ir devagar. O macete é descobrir quando estão certos e quando estão errados. Meu pior pesadelo é uma vida cheia de arrependimentos à medida que o relógio vai parando. Eu sentia que não tinha mais tanto tempo para esperar.

Portanto, estava propenso à aventura, embora tentasse me convencer do contrário quando, em uma manhã de abril, Anthony passou por mim e entrou no Quarto de Cachorro com um martelo.

— O que você acha? — perguntou ele. — Vamos abrir um buraco e dar uma olhada.

Anthony me conhecia bem.

Ele agitou o martelo e foi preciso apenas três golpes para que os "tijolos" cedessem o suficiente para que enxergássemos atrás deles. O que vimos, quando a poeira assentou o bastante para que o facho de luz da lanterna a atravessasse, foi uma completa surpresa.

Havia ali uma rara e antiga lareira de ardósia, com pó e partículas provenientes de anos de umidade, mas ainda assim graciosa, o tipo de descoberta com que sonham os restauradores. A região próxima a Granville e arredores é célebre por suas pedreiras. A pedra devia ter vindo de lá, disseram meus vizinhos quando a notícia da descoberta se espalhou. Um fazendeiro mais idoso achou até mesmo que se lembrava do pedreiro que construíra a lareira.

Ai de mim, também vimos coisas mais preocupantes lá atrás. A chuva vinha descendo chaminé abaixo, infiltrando-se nas paredes e nos soalhos havia anos. Nada, além de história, sustentava a chaminé. Havia muito pouco isolamento por trás das paredes, e o que existia estava encharcado e cheirava a mofo.

O restante da casa erguia-se sobre fundações de pedra ou de concreto, mas aquele cômodo estava assentado direto no solo. Assim, quando começamos a arrancar o carpete — por que não? — vimos um lindo soalho de pinho desgastado e podre.

Um tanto frenético agora, com o entulho e o pó começando a se amontoar, Anthony arrancou o painel de parede de pinho nodoso e encontrou mais podridão e mofo.

O que estávamos vendo não era um anexo recente, mas uma parte da casa original — provavelmente, achava Anthony, um galpão usado para armazenar lenha para os fogões.

— Ai meu Deus, isso vai custar caro — e lançou um assobio.

Quando ele derrubou o teto, a história do cômodo e seu destino tornaram-se evidentes. Com o pé-direito com o dobro da altura, as antigas vigas toscamente lavradas, uma parede de madeira que fora em outros tempos a parte posterior da casa, e com sua vista do vale e sua luz que perdurava por todo o dia, aquele seria um lindo espaço.

— Temos que salvar este quarto — Anthony e eu dissemos, quase em uníssono. — Temos que fazer direito.

Mas como eu estava descobrindo, a regra fundamental em restauração é que, apesar de ninguém saber o que há atrás de paredes e tetos, consertar o que quer que haja por lá ou recolocar o que falta vai sempre levar muito mais tempo e custar muito mais do que se pensa. Restaurar um cômodo, sobretudo se ele tem quase duzentos anos de idade, é algo indispensável. Cada coisa afeta tudo mais, todas as pequenas peças da engrenagem de um todo maior. Anthony imediatamente contratou um ajudante, comprou um andaime e um caminhão maior. Adquiri contas maiores.

Anthony e seu auxiliar, Chris, logo estavam atacando, rebentando o telhado, o teto, as paredes e o chão encharcado. Madeira podre, lascas de painéis de parede, telhas e carpete formavam uma montanha atrás da casa. A caçamba de lixo encheu, esvaziou e encheu outra vez. "Ah, meu Deus", eu ouvia Anthony dizer meia dúzia de vezes por dia quando arrancava outra placa mofada ou quando enfiava o pé-de-cabra.

Ele contratou Kathan, um pedreiro temporariamente desempregado, para reaprumar e reconstruir a chaminé e restaurar a lareira, tarefa que levaria semanas. Mas Kathan fez um belo trabalho, recobrindo-a meticulosamente com argamassa e recolocando os tijolos quebrados. Ele estava fora de casa no andaime em um dia de frio rigoroso — eu observava seus avanços com certo temor — quando perguntou a respeito do declive escavado atrás da casa.

Essa ampla escavação, um feio recorte para abrir espaço para carros, caminhões e tratores de neve circundarem a casa, ofendia a vista. Eu havia planejado colocar um muro de contenção de concreto para segurar a terra e prevenir deslizamentos de barro depois das chuvas, mas não havia de fato pensado muito a respeito de estética. A outra opção, ligeiramente menos desagradável, era construir uma parede de madeira prensada.

— Você quer um muro de pedra? — perguntou Kathan.

Gênio. Muros de pedra eram sempre belos, sólidos, nobres. Espalhavam-se por toda parte no Condado de Washington, muitas vezes desmoronando por entre as ervas daninhas e matas de antigas fazendas, nas quais os fazendeiros extraíam pedras dos pastos para abrir espaço para as colheitas.

Um muro de pedra beneficiaria consideravelmente Bedlam Farm, e me sobreviveria em muito. Eu adorava construir coisas sobre as quais as pessoas falariam muito tempo depois de minha partida, como o formoso mas lento carvalho que eu havia plantado para que algum dia proporcionasse sombra e beleza ao meu pasto dos fundos. Eu não tinha nenhuma chance de viver para ver aquela árvore crescer e espalhar seus ramos, mas minha filha Emma sim, ou quem quer que algum dia vivesse na fazenda.

Então decidimos construir o muro de Bedlam, de pedra bruta, transportada por caminhão de uma pedreira de Granville. Seu eu houvesse atinado com a despesa, o barulho e a desordem — foram empregadas dez toneladas de pedra e cerca de meia dúzia de viagens de caminhão simplesmente para entregá-las —, teria hesitado.

— Para Berlim — resmunguei para Anthony, imitando um general da Segunda Guerra.

— Se é para sucumbir — ele concordou —, vamos sucumbir em chamas.

Kathan e seu ajudante, Julio, assistidos por Anthony e Chris, trabalharam como mulas durante semanas. A pedra bruta — no começo extraída por trabalhadores que fugiram da Irlanda durante a Fome da Batata, fomos informados — jazia empilhada em montes gigantescos por todo o caminho de acesso de veículos. Kathan selecionava cada pedra, examinando-a, medindo-a, lascando ou polindo onde necessário, então a encaixando no lugar. Não havia cimento no muro, apenas a habilidade do pedreiro para empilhar e mover rochas em formatos que se encaixavam. Era um trabalho extraordinariamente complexo e meticuloso.

Os vizinhos e os moradores da cidade começaram a passar para monitorar o progresso e exprimir sua admiração. Eu estava comprando leite certa manhã, enquanto outro cliente fofocava com Marie, a nova proprietária.

— O cara está construindo um muro de pedra enorme na antiga casa dos Keyes. Ele deve ser louco — disse ele. Então, pensando a respeito, acrescentou: — Deve ser cheio do dinheiro também.

— Em parte você está certo — eu disse, piscando para Marie e saindo da loja.

Era difícil acreditar no quanto aqueles sujeitos trabalhavam. Apareciam às seis da manhã, chovesse ou fizesse sol, estivesse quente ou frio, faziam um intervalo de trinta minutos para o almoço por volta do meio-dia, então recomeçavam a carregar pedras gigantescas por toda parte durante horas. Operavam tratores como se estivessem jogando *videogames*. Kathan esculpia e recortava, alinhava e realinhava.

Mas era também um pesadelo para Orson.

O ruído e a poeira eram indescritíveis e contínuos. A casa chocalhava com as vibrações de martelos, serras e plainas; caminhões entravam e saíam, despejando carregamentos de rocha que abalavam até os ossos, seguidos do baque das marretas e o zumbido das furadeiras. Os vizinhos passavam em suas caminhonetes e murmuravam sobre o dinheiro que aquilo devia custar e o quanto estava bonito.

No meio disso tudo, eu tinha um livro para escrever. Isolava-me em meu escritório no primeiro andar enquanto chovia poeira e tentava me concentrar. Arrastava os cães comigo e ficávamos todos amontoados no pequeno aposento.

Rose não gostava do barulho, mas achava Anthony e suas ferramentas a coisa mais fascinante depois das ovelhas, e acomodava-se e o observava durante horas de uma distância segura, em seu esconderijo no jardim. Às vezes investia contra uma verruma ou furadeira, tentando pastoreá-la. Na maior parte do tempo, decidiu tornar-se discípula de Anthony, estudando-o como se ele fosse um texto antigo. Clementine também tinha seu trabalho: cumprimentar e lamber calorosamente qualquer ser humano ao seu alcance e então devorar todos os sonhos, sanduíches ou biscoitos que conseguisse roubar. Foi durante a restauração do Quarto de Cachorro que a apelidei de A Meretriz de Bedlam Farm, por sua disposição de entrar em casa com quem quer que estivesse segurando um saco de Doritos.

Até certo ponto, era triste comparar a reação desses dois cães com a de Orson.

Eu desencadeara o inferno de Orson, uma invasão de homens barulhentos com ferramentas, entrando e saindo pelo portão, dentro e fora do cercado e da casa, vezes sem conta, dia após dia, semana após semana. Ele lutava bravamente para mantê-los todos no exterior, para mordiscá-los, para investir contra eles, para barrar a porta, agarrar suas ferramentas.

Ele aguardava sua vez, fazia suas tentativas. O irmão de Anthony, Charlie, que se juntara à equipe para pintar, aprendera a acariciar Orson com cuidado e lhe dar guloseimas antes de entrar no quintal com lixadoras e latas de tinta. Orson pareceu aceitá-lo depois de algumas semanas, e Charlie relaxou — até o dia em que ele se afastou e Orson mordiscou-lhe o traseiro. Orson não esquece e não perdoa. E não desiste.

Tudo isso pode ter causado um prejuízo que eu estava ocupado, absorto ou tenha sido estúpido demais para reconhecer a princípio. Uma vez que sua vida na fazenda centrava-se mais em mim e menos nas ovelhas ou no exterior, Orson tornara-se cada vez mais preocupado em proteger os limites da casa, seus portões e portas. Agora, o vaivém de Anthony e sua equipe o estavam deixando louco. Do amanhecer ao pôr-do-sol, um homem enorme após o outro, muitas vezes carregando uma furadeira, um serrote ou um martelo, cruzavam um portão ou porta para começar a socar e bater, intrometendo-se ruidosamente.

Eu prendia Orson quando sabia que o pessoal estava chegando, mas não podia trancafiá-lo o dia inteiro e todos insistiam para que eu não o fizesse.

Anthony e os caras não tinham medo de cães e na verdade não se lembravam de entrar em casa segurando suas caixas de ferramentas diante do corpo, gritando com Orson para que se afastasse. Estavam dispostos a ter os *jeans* ocasionalmente rasgados. O que poderia ter significado um processo em Nova Jersey era apenas parte da vida no campo. Durante o dia, enquanto eu trabalhava, ouvia o pessoal gritando "Ei, Orson, pare com isso!"

Até certo ponto, Orson ficou meio louco. Um cão que já conhecera fracassos demais estava falhando o dia inteiro, tentando expulsar um intruso após o outro, incapaz de fazê-lo. Além de Anthony e sua equipe, o contínuo desfile de visitantes — entregadores, jardineiros e cortadores de grama, o exterminador de pragas, o entregador de alimentos, vizinhos e amigos, leitores curiosos — prosseguiu.

Uns dias eram piores, outros melhores, mas eu tinha a impressão de que Orson estava sendo acionado contínua e perigosamente. Precisava tentar fazer alguma coisa a respeito, menos despachá-lo para Nova Jersey para passar alguns meses. Procurei a veterinária e contei-lhe minhas preocupações.

Disse-lhe que queria levar mais a sério a excitação de Orson. Haveria uma causa médica? Fizemos testes e mais testes. Ela fez exames de sangue, um exame de tireóide, bateu raios X. Procuramos fraturas, doença de Lyme, câncer. Custou mais de mil dólares e não descobrimos nada.

— Não posso ajudar — a veterinária finalmente concluiu.— Não vejo nada de errado com Orson do ponto de vista médico. Mas conheço alguém que talvez possa. — E entregou-me o cartão de uma veterinária ortopédica holística, que se especializara em cães com problemas que a medicina veterinária convencional não conseguia resolver.

— Ela pode parecer um pouco fora da realidade para você — advertiu-me. — É profissional e bem treinada, mas é inovadora e tem a mente aberta. Faz acupuntura e massagem e usa medicamentos à base de ervas. Mas socorreu vários cães que não consegui ajudar. Orson é um cão excelente. E acho que você está certo... *há* algo errado com ele — continuou. — Mas não posso lhe dizer o que seja. Acho que você tem boa intuição. Ele pode vir a ter um problema mais sério. Valerie talvez consiga dar uma ajuda.

Gemi. Eu não queria ir até lá. Gostava de veterinários convencionais e suspeitava dos muitos tratamentos e práticas "alternativos" que vira, ou a respeito dos quais já ouvira, sobretudo *on-line*. Sem dúvida precisava haver limites racionais no montante de tempo e dinheiro que eu gastava me preocupando com aquele cão, que representava grande parte de minha vida, mas não toda ela.

Mas a veterinária de Orson não era nenhuma alucinada no que dizia respeito aos animais. Era perspicaz e prática, e granjeara meu respeito e minha confiança. E como autor que escrevia sobre cães, eu achava que realmente não podia deixar de vê-la. De qualquer modo seria interessante.

O importante, decidi, não era se eu acreditava ou não em veterinária alternativa, mas se o animal iria melhorar. Se melhorasse, ótimo. Se não melhorasse, não fazia parte de nosso pacto que eu fizesse todo o possível para ajudá-lo, para mostrar a ele como viver no mundo?

Orson, eu viera a temer, fora levado a um novo tipo de problema. Seu comportamento parecia se deteriorar de uma forma que eu não considerava ético ou responsável ignorar, não por mais tempo.

Muitos dias ele se achava mais calmo e mais obediente, ainda que em outros se tornasse mais excitado, seus esforços para defender a casa mais ferozes. Vínhamos trabalhando juntos por quase quatro anos. Eu havia treinado com ele — construtiva e cuidadosamente — durante centenas e centenas de horas.

Eu esgotara minhas idéias, exaurira a maioria dos métodos de treinamento convencionais e atingira os limites da veterinária tradicional.

O número no cartão situava-se em Vermont — claro. Liguei assim que cheguei em casa. De modo que Orson e eu demos o passo seguinte juntos e penetramos no esoterismo.

Orson e Jon.

Capítulo seis

Demônio motorizado

Orson nunca foi um cão bem-ajustado. O que quer que tenha acontecido com ele no Texas o prejudicou, deixou-o sem a resistência de cães como Clem e Rose. Ele não tinha solução, era o que me parecia. Entre os que o conheciam, desenvolveram-se várias teorias ao longo dos anos para tentar explicar seu comportamento.

Sabíamos que ele havia sido treinado como cão de exibição de obediência a certa altura, portanto um criador sugeriu que talvez fosse por isso que portões (como os que eram usados em tais competições) possuíam significado especial.

Um dos veterinários considerava perfeitamente natural que alguns cães defendessem seu território, mas outra achava que Orson, quando excitado, na verdade apresentava sintomas semelhantes aos de um ataque, que o faziam perder o controle e falhar em reconhecer até mesmo rostos e vozes familiares. Algo semelhante a ataques de epilepsia, disse ela, que poderia necessitar de tratamento médico, até mesmo cirúrgico.

Uma "paranormal de animais" que conheci em uma sessão de autógrafos (dela, e havia pessoas em fila até o outro lado da porta da livraria esperando para conhecê-la e ter seus livros assinados) achava que ele estava captando vibrações perturbadoras dos animais — porcos, galinhas, perus, vacas e algumas ovelhas também — abatidos na fazenda no passado.

Um adestrador era de opinião que Orson fora mal socializado como filhote e que eu deveria pedir aos visitantes que trouxessem guloseimas de carne e fígado. Outro sugeriu o emprego de uma coleira que dava choques quando ele investisse contra o portão.

O estranho é que Orson, como Clementine, era social por natureza; vivia para obter atenção. Recebia uma multidão contínua de visitantes da fazenda de forma calorosa e apropriada. Adorava os entregadores do correio no acesso de veículos — só não gostava quando eles se aproximavam do portão ou da porta. Eu me desesperava por estar sempre procurando um sentido para tais contradições.

Apesar disso, reconhecia a verdade do que a veterinária de Orson, Mary, dizia, ainda que me entristecesse. Não fazia sentido submeter aquela criatura melindrada e excitada a mais exames incômodos e caros. Precisávamos, de alguma forma, conseguir um tipo diferente de ajuste. Era hora de seguir adiante, se é que havia algo na direção da qual avançar.

Holístico. A palavra soava de jeito estranho. O número de proprietários de cães atraídos para tratamento holístico continuava crescendo, eu sabia por minha pesquisa e pelas incontáveis histórias que ouvia. Ainda assim, a idéia continuava a me desconcertar.

Eu gostava e confiava em veterinários comuns e incluía alguns deles entre meus amigos. Sempre os achei empenhados, bem-informados, confiáveis. Eu duvidava que um veterinário holístico, o que quer que isso significasse, soubesse muito mais que os comuns.

Também me preocupo em colocar limites na preocupação e tempo que gasto com o bem-estar de um cão, ainda que muito amado. Para mim, uma vida saudável com cães significa limites. Amo minha família, valorizo meu trabalho, aprecio meus amigos — e amo muito meus três cães. Esta é, para mim, a ordem correta. Não desejo passar horas *on-line* trocando informações sobre tratamentos à base de ervas e permutando teorias conspiratórias a respeito de veterinários e fabricantes de alimentos para cães. Sempre resisti ao tratamento holístico, por considerá-lo duvidoso, desnecessário.

Ainda assim, Orson e eu éramos fiéis um ao outro.

Então, duas semanas mais tarde, fomos de carro até uma casa de fazenda branca em Manchester, Vermont, onde conhecemos a dra. Valerie Gurstein, veterinária especializada em tratamento holístico, inclusive acupuntura, quiroprática e medicamentos à base de ervas.

O consultório da dra. Gurstein era diferente das instalações dos veterinários convencionais, que tendem a ser pouco amplos, lotados e barulhentos. Os cães captam todos os tipos de cheiros e sons nessas situações e muitas vezes ficam tensos, amedrontados ou agressivos. "Ah, ele sabe onde está", as pessoas me dizem o tempo todo, pois até mesmo o mais corajoso dos animais de estimação treme e choraminga na sala de espera do veterinário. Não tenho a menor idéia do que meus cães pensam ou sabem, mas vejo poucos cães relaxados nesses locais. Rose começa a tremer no minuto em que paramos no estacionamento da veterinária e Orson torna-se cada vez mais alerta e ansioso. (Clem, a meretriz, por outro lado, adora ir até lá e balança o rabo o tempo todo, da porta à sala de exames, cumprimentando alegremente seus muitos amigos e admiradores.)

O consultório da dra. Gurstein era diferente. Chegamos cedo, mas a médica — de voz suave e calorosa — acenou para que entrássemos direto. Eu levara Rose junto para obter apoio moral.

Orson subiu os degraus de entrada correndo e entrou na área de recepção, onde algo suave e New Age era reproduzido pelos alto-falantes estéreos. A dra. Gurstein obviamente programava as visitas para evitar os tensos confrontos caninos, e reservava bastante tempo para cada cão, mais de uma hora. Portanto, o ambiente era completamente relaxado e tranqüilo.

A sala de exames parecia mais uma sala de estar do que uma instalação médica — atapetada, com cores suaves e quadros nas paredes. A mesa de exames em si era uma plataforma baixa e acarpetada, a menos de trinta centímetros do chão. Orson saltou para cima dela sem que lhe pedissem, sem manifestar nem um pouco da ansiedade que freqüentemente demonstrava em consultórios veterinários convencionais.

A dra. Gurstein falou direto com ele, com voz controlada, suave. Os adestradores muitas vezes alertam sobre o fato de que é imprudente olhar um cão diretamente nos olhos — muitos tomam isso como uma provocação —, mas Orson adora pessoas que olham direto para ele e dizem seu nome; adora atenção de modo geral.

Um cão que parece ter expectativas de se meter em apuros, Orson relaxa quase visivelmente quando é elogiado e tranqüilizado. Ele pareceu reagir ao jeito tranqüilo e sereno da dra. Gurstein acalmando-se. Ela permitiu que ele lhe cheirasse as mãos e examinasse o aposento, então se sentou ao lado dele na plataforma.

— Preciso ser honesto: sou um pouco cético sobre todo esse pensamento holístico — eu disse. — É minha primeira vez. — Ela assentiu e declarou que já ouvira opiniões semelhantes. Não raras vezes, suspeitei.

— Antes de examinar Orson, eu gostaria de conversar com você — disse ela. — Conte-me sua história com ele, sua experiência. Conversei com a veterinária dele, mas gostaria de saber de você por que está aqui. O que quer para ele?

Fiquei surpreso com a pergunta e mais surpreso ainda com minha resposta.

Os veterinários normais de Orson eram ótimos, mas decididamente pragmáticos. Queriam identificar um problema e corrigi-lo, pedindo exames quando justificado, prescrevendo medicamentos quando apropriado. Eram eficientes e altamente competentes, mas a atmosfera do consultório em sua prática atarefada era muitas vezes caótica. Não era um local onde alguém gostaria de se demorar ou de bater um papo, e tampouco as pessoas gostariam disso, uma vez que sempre havia gente e pacientes esperando.

Aquele lugar era diferente, e Orson captava isso, observando com cuidado a dra. Gurstein, mas à vontade, as orelhas levantadas, a cauda abanando, a respiração normal. Eu também sentia a diferença. Na verdade, nenhum veterinário jamais me perguntara muita coisa a respeito de minha história com Orson. Em geral, íamos direto aos sintomas e soluções.

Então lhe contei como Orson viera para mim de forma quase inesperada, sobre nossas dificuldades no primeiro ano, como Orson me conduzira ao pastoreio de ovelhas, que me conduzira a Bedlam Farm, jumentos e ovelhas, e depois a Rose e Clementine. Descrevi o enorme presente que ele acabara por se tornar. Como me resgatara de um local do qual me sentia distanciado, de trabalho do qual eu estava cansado, de uma vida inteira sem amigos chegados. Como ele me conduzira àquela vida de desafios, beleza, natureza e animais. Ele me salvara de muitas maneiras que uma pessoa pode ser salva.

Eu lhe devia muito e sentia que precisava cuidar dele e de seu bem-estar até onde fosse aceitável, sem perder o bom senso e a perspectiva. Eu estava ficando cada vez mais preocupado com o que poderia acontecer se seu comportamento imprevisível continuasse. Quer gostasse quer não — e na maior parte do tempo eu não gostava —, minha fazenda se tornara um local público, por onde as pessoas freqüentemente passavam. Eu precisava me esforçar ainda mais para acalmá-lo.

— Uma parte dele está prejudicada — eu disse, recontando o pouco que sabia sobre seus primeiros anos. — E não consigo alcançá-la.

Meus olhos se encheram de lágrimas, coisa que nunca acontecera em todas as muitas vezes que conversei sobre aquele cachorro. Eu escrevera resmas de papel a respeito de Orson; tínhamos aparecido na televisão e no rádio; falara sobre ele em sessões de leitura e conferências — e no entanto, acho que ninguém realmente me perguntara como eu me sentia a respeito dele, o que desejava para ele.

Nem eu parara realmente de lembrar todas as exaustivas horas de treinamento, apaziguamento, preocupação, gritaria, consolo, pastoreio, todo o trabalho que realizáramos juntos. Eu havia tentado ser fiel àquele cachorro com todas as forças, e conversar sobre isso com ela fazia com que a intensidade da experiência parecesse transbordar. Parei, respirei fundo, recuperei o controle. Eu não gostava particularmente da idéia de chorar no consultório de uma veterinária holística.

Ainda assim, a emoção que a pergunta despertou foi poderosa, e apenas me fez lembrar o quanto eu amava aquela criatura, o quanto ela significava para mim, o quanto eu queria alcançar e curar aquela parte danificada, o que estava em jogo se não conseguisse.

A médica, que propôs que eu a chamasse de Valerie, assentia e ouvia. Então passou longo tempo examinando cuidadosamente o dorso, as pernas, as espáduas e o pescoço de Orson, em busca de problemas ortopédicos. Treinada como veterinária convencional, estava familiarizada com a estrutura óssea e problemas musculoesqueléticos, e rapidamente encontrou alguns.

Depois que Orson foi atingido por aquele automóvel anos atrás, rolara até ficar de pé, aparentemente ileso, e não apresentara lesões ou ferimentos quando o veterinário de Nova Jersey o examinou. A recente bateria de testes tampouco encontrara transtornos ortopédicos. Agora o exame de Valerie descobria nele extrema sensibilidade ao ser tocado ao longo de partes da espinha. Vi Orson — o mais estóico dos cães — contrair-se nitidamente, até mesmo uivar, quando apalpado em certo local.

Sua espinha estava seriamente desalinhada, Valerie declarou. Ele devia sentir-se incomodado a maior parte do tempo. O fato de ninguém, inclusive eu, ter percebido essa sensibilidade em todo o nosso tempo juntos me surpreendeu. De repente, senti-me grato a minha veterinária por ter sugerido aquela consulta.

Também contei a Valerie os problemas relativos à excitação de Orson, como os sons cotidianos o deixavam louco, às vezes até perigoso; como ele passava da calma à fúria em segundos, em certas ocasiões por nenhuma razão compreensível. Para demonstrar, bati palmas. Valerie ficou surpresa ao vê-lo começar a latir furioso, mordiscando o ar, subitamente investindo contra a janela, fora de controle. Era pior perto de portas e portões e com entregadores, falei.

Concluindo seu exame, ela sugeriu as ervas calmantes Shen, provenientes da China, e recomendou acupuntura. Duvidei da primeira solução e fiquei confuso quanto à segunda. Acupuntura em um cão? Aquilo parecia um exagero. Embora várias vezes me houvessem sugerido acupuntura para a perna defeituosa, sempre resisti. De alguma forma, pareceu apropriado que meu cão fizesse acupuntura, mas não eu. A avaliação dessa experiência, lembrei-me, seria simples: curaria ou não o animal. E não saberíamos por algum tempo.

Valerie pegou um recipiente de plástico com agulhas de acupuntura e retirou uma. Rose, tranqüilamente deitada no chão, saltou de repente para cima da plataforma sobre o assustado Orson e rosnou, mostrando os dentes para Valerie. Aquilo também me surpreendeu: Rose late para estranhos, mas nunca mostrou os dentes para ninguém.

— Quieta, Rose — eu disse em tom severo.

Mas fiquei impressionado com a forma como Valerie lidou com o confronto. Em vez de tentar apaziguar ou censurar Rose, ela parou, pegou uma das agulhas e segurou-a para que Rose a cheirasse.

— Rose — disse ela na mesma voz baixa e firme —, não vou machucar Orson. Vou colocar esta agulha nele. Veja. — Sua calma era contagiante. Ela aproximou a agulha de Orson, que estava tranqüilamente deitado de lado, observando, depois a aproximou novamente de Rose, para que ela pudesse cheirar outra vez, então voltou para Orson. Rose, cuja natureza atenta e voltada para a solução de problemas me impressionara mais de uma vez, acompanhou a agulha com os olhos, a cabeça inclinada. Valerie esperou alguns segundos enquanto Rose refletia.

Rose pareceu satisfeita com isso, pulou da mesa e tornou a se acomodar no chão, atenta, mas disposta a permitir que as coisas prosseguissem.

Naquele primeiro dia, Valerie inseriu oito ou nove agulhas no dorso, pescoço e espáduas de Orson. A princípio ele ficou tenso. Então, de agulha em agulha, pareceu gradualmente relaxar.

Fiquei impressionado, após cerca de dez minutos, ao vê-lo deitado de lado, profundamente adormecido, roncando alto, a língua pendurada em um dos lados da boca enquanto as agulhas projetavam-se de várias partes de seu corpo. Meu cão, em geral tão intenso, ansioso e alerta, achava-se quase inconsciente, praticamente comatoso.

No final da sessão, Valerie removeu as agulhas e dirigiu-se a um armário cheio de guloseimas. Orson voltou a si, porém mais relaxado do que eu conseguia me lembrar de já o ter visto fora de meu próprio escritório. Após a primeira consulta, Orson aprendeu a descer da plataforma e sentar-se ao lado do armário.

Íamos até lá a cada duas ou três semanas para realizar correção quiroprática e acupuntura; nos intervalos, eu dava a Orson ervas calmantes, misturando mais ou menos uma colher de chá cheia em sua comida todos os dias.

Orson parecia ansioso pelo tratamento. Quando chegávamos ao consultório de Valerie, saltava precipitadamente da camionete e ia até a porta, corria para dentro e pulava sobre a mesa de exames, em geral deitando antes que lhe pedissem. Às vezes, as agulhas o incomodavam e ele se contorcia. Valerie, percebendo coisas que eu nunca percebia, ajustava as agulhas até que ele fechasse os olhos devagar, desse um suspiro profundo e caísse no sono.

Em geral Orson é um tormento quando dirigimos, precipitando-se de uma janela a outra à medida que os carros e caminhões passam assobiando. Mas quando deixávamos Valerie, ele apagava como uma lâmpada e dormia por todo o caminho até em casa.

Quase todos que conheciam Orson — especialmente os rapazes que ainda estavam trabalhando no muro e no Quarto de Cachorro — declararam que ele havia mudado, parecia mais sociável, menos frenético. Ele ainda ficava excitado no portão, e ainda dava a ocasional mordiscação em alguém que estivesse carregando uma ferramenta, mas parecia um gesto quase tímido.

— Pare, Orson — diziam Chris, Anthony ou Kathan, e ele parava.

Às vezes, quando alguém se aproximava da porta, ele sequer se levantava — isso vindo de um cachorro que certa vez atravessara uma janela de vidro chumbado com reforço de acrílico.

Eu julgava-o trinta por cento mais calmo noventa por cento do tempo — a mais dramática mudança de comportamento que eu testemunhara nos últimos anos.

Se a avaliação do tratamento holístico era se o cão havia melhorado ou não, meu primeiro contato com a medicina alternativa era um sucesso. Eu estava feliz por ter tentado. Há claramente um ponto em que o tratamento veterinário convencional — por melhor que seja, por mais satisfeito que eu estivesse com ele — não tem muito mais a oferecer e inicia-se outro domínio da medicina.

Apesar disso, eu estava despreparado quando Valerie, após vários meses, me sugeriu que falasse com uma especialista em comunicação com animais.

— Não estou pronto para isso — protestei.

Acupuntura? Algumas ervas? Uma dose de Enya, seguida de um pouco de bajulação, uma massagem relaxante e alguns tratamentos hipoalergênicos? Até aí tudo bem — mas não mais.

Valerie disse que entendia.

Mas ela não desistiu. Poucas semanas mais tarde, Valerie sugeriu que eu lhe desse uma foto de Orson para passá-la a uma resgatadora xamanista de alma, uma mulher que estudara o antigo conceito chinês de que quando os animais sofrem danos, partes de sua alma se desligam e podem, sob certas circunstâncias, serem resgatadas e devolvidas a eles. Essa resgatadora possuía uma sólida reputação na ajuda de animais. Valerie recomendou-a com entusiasmo. Ela pretendia voltar ao assunto da "comunicadora", mas estava esperando até perceber que minha "resistência" houvesse diminuído.

Meu mal-estar, na verdade, continuava elevado. Aquilo parecia uma jornada cada vez mais profunda em direção ao mundo da fantasia. Mas concordei em pensar a respeito. Uma vez que eu estava explorando seriamente o tratamento alternativo para Orson, não deveria ir até o fim? O principal, em qualquer tratamento potencial, não era se eu "acreditava" nele. Se Orson melhorasse, então funcionava — ao menos para ele. Caso contrário, não funcionava.

Partes da alma de um cão desligadas quando ele ou ela sofrem? Eu simplesmente não conseguia entender como isso funcionaria. Mas havia percebido que o treinamento e a medicina veterinária convencionais tampouco davam resultado para ele.

Além disso, um amigo em Vermont ligou para dizer que uma conhecida se comunicava com cavalos — alguém com décadas de experiência em pistas de corrida e criadores de cavalos e muitas referências excelentes — estava diversificando as atividades e trabalhando com cães e outros animais. Ela queria vir à fazenda ver Orson e as jumentas. Também estava, meu amigo acrescentou, captando sinais de Winston, o galo deficiente.

Bem, eu disse a Paula, o mesmo teste aplicava-se aqui. Se o cão melhorasse, valia a tentativa. Quem começa deve ir até o fim.

Lesley, a terapeuta xamanista, ligou primeiro. Informou que tudo de que precisava para começar era de uma foto do cachorro. Poderia ou não precisar fazer uma visita à fazenda para ver Orson ao final. Não mencionou pagamento até que o fiz. Quando a pressionei, declarou que cobrava muito pouco — 35 dólares pelo "resgate", e mais ou menos outros trinta se fosse necessária uma visita à fazenda. Ela obviamente não era movida por dinheiro.

Então Donna, a mulher que se comunicava com cavalos, enviou-me um *e-mail* de Virgínia. Era perspicaz e direta, e muito mais cara: quatrocentos dólares para se comunicar com Orson, Rose e Clementine, mais as três jumentas. Incluiria o galo de graça.

Donna parou no acesso de veículos com seu utilitário algumas semanas mais tarde. Alta, loura e magra, tinha a aparência de uma pessoa ligada a cavalos, o semblante avermelhado, a confiança perto dos animais. Contou-me que vinha fazendo isso havia vinte anos e me deu um firme aperto de mão, seguindo-me até o pátio. Não parecia haver nada de esotérico nela.

Avaliou Orson e estendeu uma das mãos sobre seu dorso.

— Ele está me dizendo que está assustado — anunciou. — Acha que você pode se desfazer dele, como fez com o outro cachorro. — Evidentemente uma referência a Homer, então instalado com meu vizinho em Nova Jersey.

Ela circulou um pouco com Orson, e em seguida me informou que ele era um border collie que necessitava de trabalho.

— Ele está confuso. Quer trabalhar e você *é* o trabalho dele. Ele está muito angustiado com toda essa gente que vem até aqui. Quer proteger você, e acha que está falhando sempre que alguém entra.

Não falei muita coisa enquanto ela circulou com os outros cães. Clementine lhe trazia ossos e guloseimas. Eu mal podia esperar para ouvir o que se passava dentro *daquela* cabeça.

— Clementine se aborrece quando Rose sobe no sofá e pega o lugar dela — disse Donna, sem obter nada além disso. Fazia sentido o fato de aquela criatura doce e pouco complicada não ter nenhuma queixa importante.

Ao lado do celeiro, Donna encontrou Winston, que era, segundo ela, uma ave "irritada". Ninguém o respeitava. Rose o estava sempre atropelando para alcançar as ovelhas, Clementine roubava-lhe a ração bem debaixo do bico.

— Alguma galinha morreu ou foi embora? — perguntou Donna. Sim, respondi, eu havia devolvido uma delas à amiga da qual a havia ganhado; não precisava de tantos ovos.

— Bem, na próxima vez conte a Winston — advertiu Donna. — Ele está procurando por ela e fica angustiado porque não consegue encontrá-la. — *Contar a ele?*, espantei-me. Nós falávamos a mesma língua?

Gostei das leituras perspicazes de Donna; ela captara algumas coisas importantes. Fazia tempos que eu sabia que um dos principais dramas de Orson era o fato de ser um border collie sem trabalho. Que eu me tornara seu trabalho era provavelmente verdadeiro, e muitas pessoas achariam o fato comovedor, embora eu fosse mais ambivalente. Passar o tempo ao lado de uma pessoa não é a função natural de um border collie. Suas percepções a respeito de Orson foram úteis e confortadoras. E apesar de não me importar particularmente por haver preocupado Winston, que levava uma vida de galo bastante boa, concluí que Donna conhecia e entendia os animais.

Ao mesmo tempo, muitos bons adestradores e behavioristas — ou fazendeiros, por sinal — poderiam propor suas idéias. Eu estava confuso quanto à diferença entre o que era observado e o que era "comunicado". E fiquei chocado quando Donna parou, fechou os olhos e recebeu supostas mensagens dos cães.

— Orson está me dizendo que seus ombros doem. — Ela estava literalmente recebendo palavras, em inglês, dos animais, perguntei-lhe mais de uma vez, ou apenas transmitindo suas intuições dos pensamentos deles?

— Ah, eles falam comigo — disse ela. — Estas são palavras literais deles.

Por vezes ela ria de suas "piadas". Com isso, ela me perdeu.

Discuti essa visita com amigos por vários meses. Talvez seja saudável e valioso explorarmos formas alternativas de comunicação com nossos animais. Mas achei arrogante presumir que os animais usariam nossas palavras. Sua animalidade é praticamente sagrada para mim, e os respeito e amo por isso. Interpretar comportamento é uma coisa; captar piadas é coisa bem diferente, uma posição que não consigo alcançar.

Assim, eu estava especialmente cauteloso quando Lesley Nase, a xamã, ligou para dizer que estava recebendo "imagens fascinantes" de Orson a partir da fotografia que eu entregara a Valerie. Ela adoraria fazer uma visita à fazenda para vê-lo, sugeriu, e investigar se havia locais onde ele pudesse estar captando "energia negativa".

"Meu Deus", pensei. "Em um país onde milhões de pessoas não dispõem de cuidados médicos básicos, meu border collie está recebendo visitas de comunicadores e xamãs. Mas eu já tinha ido até ali.

Lesley apareceu na semana seguinte em um minúsculo carro importado, uma mulher de meia-idade segurando um punhado de varinhas indicadoras. Gostei de Lesley também; era calorosa e divertida, e fazia piadas a respeito de almas resgatadas. Fiquei impressionado com a forma como os cães — sobretudo Orson — entusiasmaram-se com ela.

Percebendo meu andar coxo, ela enfatizou a ironia de Orson estar recebendo tratamento regular de acupuntura e eu não. Perguntou se eu desejava algum tratamento energético para minha perna. Não, obrigado, respondi.

Acho que, a essa altura, Orson percebia quando alguém visitava a fazenda para cuidar dele. Ele sempre desejara ser o centro das atenções, empurrando os outros cães para o lado para cumprimentar os visitantes, enroscando-se no colo de quase qualquer pessoa. De modo que, em pouco tempo, estava no colo de Lesley quando nos sentamos sobre uma pilha diante dos degraus da varanda. Na verdade, ele é muito grande e pesado para ser um cão de colo, mas Lesley não pareceu se importar.

— Recebi de Orson a imagem de um desfile nazista — foi seu comunicado de abertura. — Ele estava atrás de portões e cercas, havia gente desfilando e outras pessoas assistindo e aplaudindo.

Orson já fora um cão de exibição de obediência, contei-lhe; costumava participar de competições atravessando cercas e portões, embora eu nunca tenha sabido ao certo como isso se ligava à sua excitação e ao costume de mordiscar. Uma mulher que conhecera Orson no Texas havia me enviado um *e-mail* depois de ler um livro meu, para dizer que alguns competidores no circuito de lá eram apontados como "adestradores de obediência nazistas", por serem muito críticos com seus cães. Como qualquer esporte, desde jogos de futebol humanos a provas de pastoreio caninas, as pessoas deixam-se levar pelo entusiasmo da competição, que pode se tornar algo feio, uma arena para impor autoridade em vez de trabalho em equipe.

As "imagens" que Lesley estava recebendo — de alguma forma — me fizeram visualizar algumas das piores competições de pastoreio e obediência a que eu assistira. Imaginava Orson em um ringue de exibição, entrando e saindo de portões, excitado pelos aplausos, cada vez mais frenético — e então distraído. Ele detestava quase todos os comandos diretos, até mesmo de minha parte. Antes de receber seu novo nome, encolhia-se, recuava e ofegava — quase todos os comportamentos adversos que um cão pode demonstrar quando confrontado com algo atemorizante e estranho.

Um desfile nazista. Aquilo me abalou um pouco.

Apreciei o fato de Lesley não afirmar que ouvia a voz de Orson. Senti, em troca, que ela captava imagens que ajudavam a explicá-lo. Os behavioristas argumentam que cães não possuem linguagem e não podem pensar em termos humanos. Alguns acreditam que os pensamentos dos cães consistem em idéias sensoriais, que ocupam o lugar das palavras. Outros cientistas usam frases como "filmes da mente" quando tentam ilustrar as habilidades mentais dos cães; imagens extraídas da vivência substituem as palavras na cabeça desses animais.

Há um longo e rico histórico de pessoas que possuem dons especiais que as habilitam a entender e receber informações de animais. Esta comunicação terapêutica com o mundo espiritual muitas vezes surge através de sonhos e visões, até mesmo alucinações, durante os quais os espíritos dos animais explicam as origens de seus problemas e fornecem orientação para a descoberta da cura.

Acredita-se que certos indivíduos possuam poderes de vidência tão fora do comum que conseguem penetrar à vontade no mundo espiritual. Há milhares de anos, essas pessoas têm sido conhecidas como xamãs. Credita-se a elas uma rara afinidade com espíritos de animais. Ouvi falar dessas pessoas e li a seu respeito.

Lesley podia ser uma delas. Quando se aceita o conceito de cães pensando através de imagens sensoriais — filmes da mente — e de que algumas pessoas podem ter uma receptividade incomum a tais imagens, então seu trabalho não parece tão estranho.

Por qualquer que tenha sido a razão, senti que ela fizera uma leitura acurada de Orson e captara a complexa natureza de nosso relacionamento.

Como muitos apreciadores de cães, sou extraordinariamente sintonizado com meus três. Em geral sei quando sentem dor, quando estão excitados, atemorizados ou inquietos. Freqüentemente antecipo seus comportamentos — desde vomitar a latir — assim como eles os meus. Tive vários sonhos a respeito de Orson, sem dúvida relacionados a partes difíceis de meu próprio passado, assim como às minhas partes animais. Em certas ocasiões, quando estava com ele, imagens de medo e dor lampejavam em minha mente, uma espécie de visão acordado.

Assim, talvez Lesley de alguma forma apenas levasse mais longe esses instintos. Visto que eu não acreditava que pudesse literalmente ler a mente de Orson ou de meus outros cães, de fato nunca tentara. Mas conservava em mente meu lema da meia-idade: aprender e crescer.

Não captei muito bem a noção de resgate da alma, ou de como Lesley, investigando as energias na área, poderia resolver os problemas. Mas minhas crenças eram menos importantes do que aquilo que ajudava Orson. Aquela incursão a um território novo e estranho não dizia respeito a mim, mas a ele.

Lesley tinha idéias boas e consistentes para ajudar Orson: mantê-lo mais ao meu lado enquanto eu escrevia, conservá-lo fora do jardim quando eu não estava por lá, espalhar comida e carne em conserva nos portões todas as manhãs para que, com o tempo, ele viesse a considerá-los menos perigosos. Igualmente importante, ela lembrou-me de me certificar de lhe dar chances de sair-se bem e ser elogiado, para que seu maltratado ego canino se fortalecesse, fosse até mesmo reconstruído. A consulta foi tanto competente quanto proveitosa, algo que eu podia traduzir em atitudes práticas.

Lesley declarou que sentiu uma ligação positiva comigo e que alcançara boa compreensão de Orson. Um pouco para minha própria surpresa, eu quis permanecer em contato com ela. De meus cães, disse Lesley, apenas Orson possuía partes fragmentadas da alma flutuando por aí. Ao menos, apenas Orson estava prejudicado a ponto de Lesley ter recebido poderosas imagens a partir dele. O que era interessante, pois ele era o único cão que eu não havia criado desde filhote.

Assim, concordamos em conversar por telefone dentro de algumas semanas, para ver o que mais ela conseguiria captar.

A essa altura, sentia-me como se estivesse vivendo em um filme, uma história cheia de fantasmas e espíritos, retrospectivas indistintas e segredos desenterrados.

O roteiro exigia que eu aceitasse comunicadores e xamãs e passasse, junto com meu cão, a um nível mais elevado de consciência. Alguns amigos estavam satisfeitos, elogiando minha mente aberta; outros achavam claramente que eu havia enlouquecido.

Do que Orson precisava era ser tratado de forma apropriada por suas doenças físicas e ser treinado — mais ainda — por seus problemas de comportamento. Qualquer outra coisa era simplesmente me livrar muito fácil.

Mas era tentador. Como eu gostaria que ele *pudesse* falar comigo, me dizer o que havia acontecido com ele, por que se sentia tão ansioso e inseguro, como eu poderia ajudar. O quanto eu não pagaria pela cola que tornaria a unir suas partes fragmentadas e lhe traria contentamento para o resto de seus dias? Ele havia feito muito por mim, eu gostaria de retribuir o favor. Se há uma coisa que Orson me ensinou, é que ele não é como eu, não raciocina como eu e, infelizmente, não pode conversar comigo. Ele era um animal impulsivo e magoado, não um ser humano de quatro patas esperando que um terapeuta — ou conselheiro espiritual — investigasse sua infância.

Seja como for, no fim das contas, o que esses comunicadores me disseram, independente da forma como haviam recebido a informação, era algo que eu já sabia, mas precisava ouvir repetidas vezes: eu tinha mais trabalho a realizar com aquele cão.

Seria interessante ter uma xamã particular, eu disse a Orson.

— Quando estiver com problemas, envie-lhe sinais — aconselhei. — Não fique mordiscando as pessoas.

Por acaso, o alívio para Orson estava definitivamente a caminho, mas não partiu do reino da percepção extra-sensorial. O que deu mais prazer a Orson naquele ano foi uma máquina cara, um equipamento para a fazenda, algo com um motor de combustão interna.

Várias semanas após a visita de Lesley, John Sweenor — mecânico, amigo, vizinho, membro de nossa estranha e crescente tribo em Bedlam — passou pela fazenda e me viu mancando. Meu tornozelo esquerdo estava ruim havia anos e eu usava palmilha biomecânica e um suporte para a perna para não cair. Por vezes, andar tanto pela fazenda era doloroso.

Perto da primavera, entretanto, desenvolvi uma dor lancinante, que piorava cada vez mais, na perna direita — supostamente a boa. O diagnóstico foi estiramento do quadríceps, decerto causado pelo fato de subir as íngremes encostas ao redor da fazenda, carregar carneirinhos e provisões ladeira acima e ladeira abaixo. A dor era contínua, cansativa, desanimadora.

A lesão levaria semanas para sarar, o médico informou, e só ficaria curada se eu ficasse longe das encostas e descansasse a perna. Aquilo era tanto difícil quanto embaraçoso. Eu adorava andar; os cães e eu passeávamos pela fazenda e as florestas adjacentes durante horas. E adorava pastorear ovelhas, o que também envolvia muito movimento. Até mesmo uma inspeção tranqüila com as jumentas exigia que eu subisse uma vertente íngreme.

Anthony e John me amolavam desde que cheguei para comprar um ATV, veículo para qualquer tipo de terreno, ou quatro-rodas, como são chamados no norte do estado. Esse é um tipo de veículo controverso. Adolescentes e motoristas irresponsáveis podem envolver-se em acidentes terríveis. E os ambientalistas detestam a idéia de máquinas barulhentas penetrando em locais arborizados e silenciosos, queimando combustível fóssil e emitindo fumaça.

Eu detestava a idéia por razões diferentes: os ATVs ofendiam meu ego de meia-idade.

— Eles são parecidos com carrinhos de golfe — resmunguei. — Não preciso de uma máquina para circular por minha própria fazenda. —

Embora eu precisasse cada vez mais. Se não descansasse a perna ruim, não ficaria curado. Se não ficasse curado, como poderia continuar com aquela vida maravilhosa, mas fisicamente exigente, naquele belo local?

Certo dia, John chegou com seu próprio ATV em um reboque e o apresentou para que eu o testasse. Era divertido manobrar aquela coisa ao longo dos caminhos arborizados e em torno do pasto circular. E era um prazer subir até o pasto sem me machucar. Mas eu já possuía um caminhão para a fazenda e um utilitário, e não me agradava ligar para Paula para sugerir a compra de outro veículo.

Tanto John quanto Anthony argumentaram que eu precisava de um daqueles. Os ATVs são úteis, disseram, bons para transportar feno, lenha e lixo. Também era divertido viajar até as fazendas vizinhas ou atravessar os bosques. Uma coisa que percebi — e que muitas vezes discuti com amigos ambientalistas — era que pessoas como Anthony muitas vezes não usam tais máquinas para devastar a natureza, mas para vivenciá-la. Ele e seus amigos estão constantemente fora, em campos e florestas, em seus quatro-rodas e motoneves; ele acomoda a filha, Ida, em seu assento e parte para piqueniques e explorações de rios.

— Acho que não posso comprar um destes agora — declarei a John.

Mas meu coração estava afundando. Os médicos podem dizer o que quiserem, mas era impossível manter em funcionamento uma fazenda com três cães, três jumentas, três galinhas e um monte de ovelhas permanecendo em repouso.

Assim, alguns dias mais tarde, fui ao fornecedor com John e, como ele e Anthony já sabiam, voltei com uma Kawasaki Prairie. John deu-me uma longa aula sobre como operá-la com segurança; Anthony mostrou-me como subir encostas íngremes e fazer curvas.

Então fiquei sozinho com a máquina, um ágil modelo verde-escuro com pneus amplos e estáveis. Era quase ridiculamente simples de usar: bastava girar a chave, ajustar o afogador e então arrancar, usando um acelerador perto do polegar direito. John insistira para que eu comprasse um capacete; também instalou um banco traseiro, caso Paula, Emma ou um dos cães precisassem subir a bordo.

Os cães reuniram-se em torno do veículo, curiosos. Eu não conseguia imaginar um cão viajando naquele assento, mas estava errado. Orson pulou e instalou-se, como se houvesse nascido ali, aparentemente esperando que eu o levasse para passear no quatro-rodas. Então subi no veículo, tentando poupar a perna dolorida. Ele apoiou a cabeça em meu ombro direito e saímos roncando, devagar, por um caminho que penetrava na floresta.

Meu Deus, lembro-me de ter pensado enquanto corríamos, o vento em meu rosto, a cabeça de Orson em meu ombro, *desperdicei minha vida*.

Orson estava completamente à vontade. Com sua tremenda agilidade, manteve-se estável em todos os solavancos e curvas. Acelerei um pouco e rodeamos o pasto zunindo. Quando voltei para o acesso de veículos, tendo realizado um breve passeio, Orson esperou até ter certeza de que eu não mudaria de idéia e ligaria a máquina outra vez. Então saltou, parecendo satisfeito consigo mesmo.

Os cães apaixonaram-se instantaneamente pela nova máquina. Adoravam correr e gostavam da sensação de aventura. Rose, que não queria saber de subir no aparelho, ficava feliz em ocupar a dianteira, cerca de dez metros à frente. Nunca precisava interromper o galope para se manter bem à minha frente, não importava o quanto eu corresse. Clementine, surpreendentemente rápida para um labrador, trotava bem ao lado da máquina ou na retaguarda. Orson às vezes corria, mas em geral montava.

Descobríamos novos riachos e trilhas na floresta, parávamos para fazer piqueniques. Comecei a empacotar sanduíches e guloseimas, além de água para todos nós. Os border collies nunca se cansavam de correr ao lado do veículo, mas depois de alguns quilômetros Clem se cansava, então eu às vezes a acomodava no assento.

Orson possuía uma xamã e duas veterinárias, uma holística e uma tradicional. Fora estudado por behavioristas e adestradores. Sua dieta incluía suplementos à base de ervas chinesas. Eu o treinara ano após ano. Lera incontáveis livros, tentara inúmeros tratamentos, métodos e programas, conversara com veterinários, behavioristas, pastores.

Posso afirmar honestamente que nenhuma dessas tentativas mudou esse estranho cachorro de forma tão dramática quanto meu ATV. O Cão Infernal, como era conhecido em minha família, tornou-se o Demônio Motorizado. O veículo de alguma forma harmonizou-se perfeitamente com aquele ego louco.

Ele havia encontrado seu trabalho — intenso, excitante, em estreita proximidade comigo. Ao contrário do pastoreio de ovelhas, no qual precisava vigiar a certa distância, no quatro-rodas Orson achava-se no centro da tempestade, exatamente onde sempre quis estar. A máquina deu-lhe a chance de correr como demônio, o que ele adorava e, além disso, de pilotar, de que gostava ainda mais. E não havia como errar ou fracassar. Tudo era positivo, o tempo todo.

Todas as manhãs quando eu saía, ele assumia posição no assento traseiro, aguardando as instruções de viagem. Quando fazíamos alguma coisa a mais, ele saltava e me acompanhava. Quando estávamos no ATV, ele sentia-se no paraíso. Orson nunca, nem de perto, gostou de trabalhar com ovelhas tanto assim. O border collie que precisava de trabalho o havia encontrado, e isso o acalmou ainda mais do que as ervas chinesas.

Nos últimos meses, Rose havia jogado Orson um pouco para escanteio. Ela ganhara importância por ser tão indispensável e porque lidar com ovelhas era uma parte essencial da vida na fazenda. Clem era irresistível com todo mundo; as pessoas faziam fila para vê-la e acariciá-la. Mas aquela máquina promovera a volta triunfal de Orson. Eu realmente não sabia como ela se relacionava com o que quer que o estivesse incomodando. Mas sei que ele era um cachorro diferente, menos frenético, mais relaxado.

O ATV tinha outras finalidades. Daria a minha perna uma chance de começar a sarar. O carrinho preso à parte posterior *era* útil; eu o empregava para transportar estrume para os jardins, fardos de feno, lenha para os fogões. A bordo do ATV, eu subia ao alto do pasto todas as manhãs e noites para controlar as ovelhas e carneiros, visitar as jumentas e monitorar cercas que não eram vistas da casa. Espantei coiotes, resgatei uma ovelha presa em um espinheiro. Mas a maior contribuição da máquina era mais difícil de avaliar ou descrever.

Certa manhã no início do verão, deixei Rose e Clem no quintal. Orson pulou para o ATV e partimos roncando. Eu havia embalado meu almoço e um osso para ele. No alto do pasto, dirigimos até as espreguiçadeiras marrons, com sua vista eletrizante. Antes, eu subia até lá quase diariamente, mas desde que minha outra perna começara a doer, raramente usava aquelas cadeiras.

No alto da encosta, acolhi a brisa agradável, desembrulhei meu sanduíche e entreguei a Orson o osso para roer. Observamos as nuvens fofas deslocarem-se lentamente sobre os campos, ouvimos os grilos e as cigarras. Depois de algum tempo, Orson pousou a cabeça em meu pé e cochilou. Experimentei um forte sentimento, que eu raramente obtinha daquela difícil criatura: paz. Foi ótimo.

Em junho, decidi que Orson e eu estávamos prontos para levar nosso número à estrada. Verifiquei a firmeza das correias que mantinham o assento traseiro no lugar e acenei para que Orson embarcasse. Encaminhamo-nos à estrada de terra batida na direção da cidade, bem no meio da Rodovia 30.

Rigorosamente falando, aquilo não era permitido por lei. Mas com certeza era divertido. Um rottweiler saiu rosnando de um quintal e nos perseguiu. Em qualquer outro contexto, teria havido uma briga, um drama, com latidos, cães atacando, pessoas ansiosas. Mas dessa vez, Orson olhou para o cão com desprezo e o ignorou. Orson latiu uma ou duas vezes; gritei insultos; seguimos em frente.

Passamos pela sra. O'Malley sentada em seu jardim e vimos seu queixo cair. Ultrapassamos zunindo a igreja presbiteriana e acenamos para o reverendo Hoffman. Vimos Don Coldwell em sua oficina, fabricando mais espreguiçadeiras.

Quando paramos na loja de conveniências, Marie saiu e me entregou um refrigerante.

— Como você veio até aqui? — perguntou, incrédula, olhando para Orson, que parecia apreciar sua função de marechal da própria parada militar. Os ATVs não se destinam a percorrer auto-estradas.

Em seguida, mantendo-nos na lateral da pista, dirigimo-nos ao Gardenworks, o amplo centro especializado em jardinagem e fazendas nas cercanias da cidade. Quando nos aproximamos roncando da porta principal, a dona, Meg Southerland, piscou e sorriu. Orson saltou para beber água, que seus fãs pertencentes à equipe ficaram felizes em fornecer, e orgulhosamente exibi meu novo veículo. Todos olharam em volta à procura do reboque que o trouxera da fazenda, mas claro que não havia nenhum.

— Você não fez isso — disse Meg, que se acostumara a minhas estranhas aventuras, mas que ainda assim estava alarmada.

— Fiz.

Seja como for, após alguns minutos fazendo visitas, era hora de voltar para casa. Eu não queria abusar da sorte e topar com um assistente do delegado ou algum policial.

Mas no final das contas, estávamos quase sozinhos na estrada, descendo ruidosamente a Rodovia 30, passando a loja, a igreja, a sra. O'Malley e o rottweiler, e subindo a encosta até a fazenda, onde Clem e Rose, no quintal, esperavam para nos receber.

Que estranha visão devíamos ser, homem e cão. Tudo de que precisávamos era de cachecóis de seda para parecer dois ases da aviação, como Snoopy e o Barão Vermelho.

Foi o desfile da vitória. Orson não podia estar mais feliz, orgulhoso, mais relaxado. Talvez ambos tenhamos tido a sensação de uma espécie de limite da preamar depois de todo o nosso trabalho árduo, treinamentos, agulhas, exames e ervas. Nunca o amei tanto quanto naquele momento.

Se partes da alma de Orson permaneciam dispersas, talvez tenhamos recolhido uma ou duas em nosso desfile. Eu teria de verificar com sua xamã particular. Nesse meio-tempo, formávamos uma dupla feliz.

Capítulo sete

Lugares extáticos

Eu não pensava em pescaria havia anos. Foi Paula quem me lembrou de meus companheiros aquáticos: os cães de minha infância.

Fui obcecado por peixes tropicais — betas, molinésias, *guppies*, tetras — entre os 8 e 12 anos, a primeira de várias obsessões sérias. A princípio, ninguém fora de minha família sabia da existência delas, e ninguém em minha família se importava.

Comecei o negócio no bazar J. J. Newberry no centro da cidade de Providence, onde um sujeito calvo e sério, com um único braço, que sempre usava camisa branca e gravata, administrava o departamento de pesca. Tipo pouco cortês, nunca fazia uma pergunta sequer a meu respeito, nem mesmo meu nome. Mas era generoso ao me contar tudo o que sabia sobre pesca, o que já era muito.

Em pouco tempo, eu tinha seis ou sete tanques — pelo menos quatro deles continham 95 litros — ligados a um elaborado sistema de aquecedores termostáticos, luzes, bombas gorgolejantes. Os peixes, tanques e equipamentos correlatos ocupavam meu quarto e grande parte do andar superior.

Eu conduzia laboriosamente todo esse material por ruas movimentadas e o transportava em ônibus e ao longo de extensos quarteirões até nossa antiga e mal planejada casa a quilômetros de distância. Levou meses, até mesmo anos, para reunir aquele mundo de coisas. Para pagar por tudo aquilo, eu roubava regularmente dinheiro da bolsa de minha mãe. Até hoje não sei se ela percebia e não dizia nada, ou se não percebia, ou não queria perceber.

Com o tempo, aprendi a criar peixes para venda e troca, supervisionando os acasalamentos e as inúmeras ninhadas. Eu também era o médico da casa, realizando cirurgias e removendo ulcerações e tumores. Construí uma elaborada rede cirúrgica iluminada para capturar os peixes doentes e prendê-los enquanto eu trabalhava. Salvei a vida de muitos peixes e perdi alguns.

Eu encomendava medicamentos de várias partes do país para tratar infecções por fungos e bactérias. Em pouco tempo, pessoas desconhecidas começaram a ligar e me pedir que salvasse a vida de seus peixes, e eu pegava minha sacola de instrumentos cirúrgicos, lâmpadas e remédios e esperava que elas viessem me buscar.

Meus pais não faziam idéia de onde eu ia, ou quando iria voltar. Seja como for, achavam estranha minha paixão por peixes. Meu pai acreditava que jovens deveriam jogar beisebol e, que eu saiba, minha mãe não colocou os pés em meu quarto de peixes uma única vez. Eles viviam em seu próprio mundo; os peixes eram o meu.

Minha companhia nesse mundo particular era Sam, meu teimoso basset round, um cão de outra época. Ninguém nunca o treinara ou limpara sua sujeira; ele nunca passeara em uma coleira. Pela manhã, chovesse ou fizesse sol, alguém o deixava sair pela porta dos fundos; à tarde, alguém o deixava entrar novamente. Nesse meio-tempo, ele circulava pelo quintal, comendo lixo e cochilando.

Dentro de casa, insistia tanto em dormir em minha cama estreita que muitas vezes me empurrava para o chão, então rosnava ou mordiscava quando eu tornava a deitar.

Sempre que eu não estava na escola, estava em meu quarto no andar de cima, com Sam e meus peixes. As luzes sobre os tanques zumbiam e refletiam o cascalho colorido; o aposento inteiro era estranho, com uma espécie de brilho submarino. Deitado na cama à noite, eu contemplava durante horas o nado, os passeios e a alimentação rítmicos que marcavam a vida dos peixes.

Cada tanque exibia seu próprio desenho, sua própria pequena comunidade de concreto e gesso, coroada de casas e castelos, navios piratas e arcas de tesouro. Eu construíra elaborados ecossistemas com falsos recifes de coral e plantas verdadeiras. Moinhos giravam, minúsculos mergulhadores erguiam e baixavam os braços, dragões sopravam bolhas pelo nariz. Periodicamente, eu realizava uma limpeza pesada, que implicava a transferências dos peixes, o esvaziamento dos tanques, limpar o vidro e ferver o cascalho. As bombas e filtros necessitavam de manutenção constante. Eu gostava de saber que sempre conseguia reorganizar tudo depois.

Em meu quarto, no andar de cima, meu pequeno reino prosperava. Nada de professores mordazes, crianças desagradáveis, irmãos problemáticos, pais briguentos. A vida dos peixes é simples, eles giram em torno uns dos outros e de comida.

Eu via o sujeito de um braço só uma ou duas vezes por semana — ele mostrou-se um mercado útil e lucrativo para a quantidade de filhotes de peixe que eu estava produzindo em meu quarto. E eu precisava de injeções constantes de dinheiro. Andar de ônibus, segurando sacos plásticos inseguros cheios de peixes, era um meio de transporte que gerava grande número de perdas.

A vida em meu quarto tampouco era simples. Lâmpadas se apagavam, filtros enchiam-se de substâncias viscosas, o equipamento funcionava mal. Havia pilhas de revistas a respeito de peixes no chão, repletas de conselhos sobre sistemas de filtragem, pedras e alimentação. Uma vez que os peixes não vivem muito, precisam ser continuamente substituídos. Era freqüente eu voltar para casa da escola e encontrar peixes mortos flutuando; jogava-os sem a menor cerimônia no vaso sanitário.

Meu mais árduo e criativo trabalho era criar peixes de briga siameses, geralmente mantidos em vasos diminutos, aqueles com cauda em forma de leque em cores vivas, que se inflam, com grande variedade de cores, quando avistam uns aos outros. (Eu também me orgulhava de ter híbridos de molinésia com platis, algo raramente obtido por amadores.)

Criar os peixes de briga — betas, como são corretamente chamados — é um processo trabalhoso. O macho sopra um ninho em forma de bolha no topo do tanque, então fertiliza os ovos que a companheira põe e deposita cada ovo em uma bolha. Os pais precisam ser prontamente separados antes que ele a machuque, mas separados sem perturbar o frágil ninho de bolhas, passível de se desintegrar ante a menor interferência.

Era um processo meticuloso para todos os envolvidos, mas o homem de um braço só pagava uma nota pelas crias. Em pouco tempo, eu não precisava roubar dinheiro para os peixes ou para o equipamento.

Enquanto eu monitorava as fêmeas grávidas, separando os recém-nascidos dos predadores, Sam permanecia deitado aos meus pés durante horas. Eu apreciava seu companheirismo. Achava-o tremendamente fiel — ninguém nunca quis penetrar naquele mundo aquático — mas talvez ele possuísse sua própria agenda. (Quando nos mudamos para o sul de Nova Jersey alguns anos mais tarde, a fim de que meu pai assumisse um novo emprego, meus pais desfizeram-se de Sam. Achavam ridículo, algo que não merecia sequer ser discutido, deslocarem-se 330 quilômetros com um cão.)

Certa noite nossa família estava jantando no andar de baixo quando ouvi o que me pareceu uma série de pancadas, seguidas pelo tilintar de vidros. Minha mãe foi a primeira a perceber água pingando do lustre acima da mesa — meu quarto localizava-se bem em cima da sala de jantar — e sobre nossos pratos. Gritou.

Corri para o andar de cima o mais rápido que pude. O monitor central que controlava as unidades de aquecimento dos tanques sofrera um curto-circuito e rebentara as laterais de cada tanque. A confusão era impressionante — água, cascalho, plantas, vidro quebrado e peixes pulando pelo chão.

Sam precipitava-se de um canto a outro do cômodo, engolindo tantos peixes quando podia. Depois, vomitou por vários dias. Identificamos carcaças ressecadas atrás dos aquecedores e cômodas durante semanas.

Quando deparei com o fascinante artigo da psicóloga ambiental Louise Chawla, "Lugares Extáticos", foi como se houvesse encontrado a chave para compreender minha própria vida.

Chawla, que escreve a respeito de infância, natureza e criatividade, retornou aos antigos gregos em busca do significado de *extático*. A maioria de nós emprega o termo para descrever deleite, alegria. Mas o sentido do radical da palavra *(ek + stasis)* tem a ver com "situar-se à parte", ou "situar-se fora de si mesmo", e Chawla a emprega para descrever uma intensa lembrança ou experiência que afeta a criança que segue adiante para tornar-se um adulto criativo.

Tais lembranças variam, mas freqüentemente incluem a simples afeição por um local onde a pessoa sentiu-se "confortável, segura e amada", um lugar que muitas vezes — mas nem sempre — incluía a natureza e parecia "dotado de vida".

Na concepção de Chawla, tais espaços oferecem à criança liberdade, um sentimento de imenso potencial, uma abertura à descoberta. Esses locais "acenavam sedutoramente". E podem ser transformadores. "Não precisamos preservar conscientemente essas lembranças; sabemos que nunca as perderemos", escreve Chawla. "São como jóias radiativas enterradas dentro de nós, emitindo energia ao longo de nossa vida."

Ela vê uma profunda, ainda que mal compreendida, ligação entre natureza e criatividade. Lembranças extáticas, sugere Chawla, oferecem "imagens significativas; um núcleo internalizado de calma, uma sensação de integração com a natureza, e para algumas pessoas, uma tendência criativa."

Se o desligamento da natureza é uma forma de suicídio social e desencadeia alienação e solidão, como afirmam alguns psicanalistas, então experiências na natureza quando se é jovem podem desenvolver a imaginação e afetar para sempre a vida depois disso.

Agora vivo em um local extático, que diariamente me afasta de mim mesmo e me integra à natureza. Momentos extáticos tornaram-se parte integral da vida aqui, tão corriqueiros quanto encontros com bombeiros ou representantes irritados do atendimento ao consumidor.

As histórias de pessoas que criam coisas para viver — livros, prédios, pinturas, obras de carpintaria — muitas vezes incluem relatos de como a imaginação é estimulada e nutrida por acontecimentos passageiros, que só em retrospecto se mostram significativos — encontros com flores desabrochando, luzes da cidade à noite, pássaros em um ninho. Essas lembranças e experiências incrustam-se na imaginação e ecoam durante nossas vidas.

Locais extáticos também podem ser internos ou urbanos. O que eles têm em comum, afirma Chawla, além da associação à liberdade física da descoberta, é a liberdade psicológica do encontro imperturbável. Eles ocorrem para além das fronteiras da amizade, longe do controle de pais e professores.

Só, livre de intromissões, distração, vigilância e proibição, a criança é livre para encontrar um lugar espontaneamente. O lugar, em certo sentido, pertence à criança; ela não é uma intrusa no território de outra pessoa, sente que o lugar é seu.

Senti arrepios ao deparar com essas idéias no livro de outra pessoa. Luzes começaram a se acender em minha mente a meu respeito, a respeito de minha fazenda, meus encontros extáticos, minha libertação da intrusão, distração, vigilância e proibição.

Se um único conceito definisse o começo de minha vida, seria o de encontro imperturbável. Deslocava-me de um lugar a outro sozinho e sem ser observado. Essa continua sendo para mim a situação mais confortável.

Tantas lembranças do começo de minha vida se dissiparam, anos inteiros imprecisos ou desaparecidos, que parece que minha vida começou quando me casei com Paula e tivemos nossa filha, Emma. Sou um homem de sorte e muitas vezes feliz, a vida repleta de riquezas. Que minha infância tenha sido muito diferente é prova de que uma parte da vida não precisa inevitavelmente determinar o resultado do restante.

Tendo crescido em Providence, com poucos amigos ou interesses além de meus peixes e revistas em quadrinhos, eu vagava ao longo de dias vazios, muitas vezes faltando à escola, perambulando.

Sentia-me tão próximo do roqueiro Buddy Holly quanto qualquer um. Meus amigos eram motoristas de ônibus, balconistas de varejo e garçonetes nos locais que eu freqüentava regularmente — como Dolly, a atendente de balcão no Sheraton Hotel do centro da cidade, que me dava pedaços de torta, e o czar dos peixes tropicais de um braço só no Newberry.

Antes e (especialmente) depois da destruição de meu universo de peixes, eu vagava pela cidade, caminhando durante horas, entrando em ônibus e bondes, visitando lojas de animais no centro da cidade, jantando em barracas de cachorro-quente, sabendo onde me proteger da chuva ou do frio. Comprava balas de menta, cartões, bugigangas e livros geralmente com dinheiro roubado. Metia-me em salas de cinema antigas e fazia amizade com vendedores de rua.

Visto que eu detestava a escola, mas raramente desejava ir para casa depois, sobretudo após meus peixes terem desaparecido, Sam e eu construímos um novo quartel-general em um dos jazigos da família no amplo, descuidado e pouco freqüentado cemitério da North Main Street, a oitocentos metros de casa.

O jazigo às vezes parecia assustador, mas em geral era tranqüilo. Bem afastado da rua, e ao qual se chegava através de caminhos sombrios, era escuro e úmido, com cerca de 3 ou 3,5 metros de altura e o dobro de comprimento, construído em pedra maciça, agora corroída, gasta e com nódoas de água. Nos dias ensolarados, a luz infiltrava-se por um par de clarabóias; nos dias nublados, ficava muito escuro. E mesmo no meio do verão, o compartimento era frio.

Dentro jaziam várias gerações de Sandersons, seus nomes esculpidos na pedra. Sam e eu acampamos em frente ao túmulo de Nicholas. Não consigo lembrar quando Nicholas nasceu, mas o ano de sua morte está gravado em minha mente: 1942. Eu muitas vezes o imaginava como herói de guerra, morto em combate. Tinha certeza de que fora um piloto que sucumbira bravamente após uma intensa batalha nas nuvens.

O jazigo não era um lugar triste; era meu lugar. Eu comia doces e biscoitos com manteiga de amendoim e sonhava acordado. Sam normalmente se enroscava a um canto do jazigo para dormir, seus roncos muitas vezes ecoando na câmara.

Eu tinha o cuidado de recolher os invólucros e não deixar nenhum traço de minha presença. Uma ou duas vezes a polícia localizou a mim e a Sam entrando ou saindo do cemitério e nos levou para casa, com as censuras e repreensões devidas. Eles achavam que poderíamos ser vândalos; por vezes, temiam que também nos tornássemos vítimas. Eles e meus pais preveniram-me de que me afastasse de lá.

Mas não causávamos nenhum prejuízo e, em pouco tempo, éramos quase capazes de evitar sermos localizados. A polícia detesta perambular por cemitérios tanto quanto a maioria das pessoas.

Ninguém mais ia aos jazigos, assim como ninguém parecia notar um garoto perambulando pelo pitoresco centro da cidade no meio de um dia de semana. Assim, pude continuar refugiando-me no jazigo. Foi lá que chorei por Buddy Holly quando anunciaram no rádio sua morte em um acidente de avião, lá concebi uma vida para Nicholas Sanderson e alimentava Sam com pedaços de cachorro-quente e pão.

À medida que envelhecemos, trazemos seletivamente à lembrança as recordações, incidentes e imagens que consideramos significativos. Pareceu-me, de repente, que o fio de minha própria vida, minha própria história, determinava uma linha reta desde Sam, no cemitério, até Orson e a fazenda. Ambos os cães me acompanharam ou conduziram às experiências extáticas, moldaram a pessoa que eu era ou queria ser.

Em meu mundo aquático, senti a liberdade a que se refere Chawla, um sentimento de possibilidade, uma abertura à exploração e à descoberta em um local sem dúvida fascinante. Mais tarde, meu refúgio de pedra entre os mortos e as ruas e lojas do antigo centro da cidade de Providence serviram em grande parte ao mesmo propósito.

Devo dizer que mantinha um relacionamento difícil com a natureza, à qual sempre considerei a área de atuação de benfeitores ambientais e documentários piegas. Enviaram-me a um acampamento de verão quando criança, molhei a cama na maioria das noites, fui comido vivo pelos insetos, fiquei apavorado com a água e detestei cada segundo da vida ao ar livre. Por várias décadas, não me senti inclinado a voltar.

Não gosto de calor, poeira, coisas que rastejam ou voam em meio às árvores à noite. Nunca entendi o atrativo de acampar, dormir sobre o chão duro, lutar contra os mosquitos. Tornei-me um inevitável morador de cidade, tendo passado a maior parte da vida em locais como Boston, Filadélfia, Washington, Baltimore e Dallas. Quando não estávamos trabalhando, Paula e eu freqüentávamos alegremente restaurantes, teatros, galerias e livrarias.

Mas cuidar de peixes, criar meu próprio mundo para eles, aprender a procriá-los e curá-los, *era* envolvimento com a natureza, embora quase todos que me conheciam me considerassem uma criança estranha, retraída, sedentária. Tal como os cães, os peixes não partem, não dizem coisas cruéis ou perdem a paciência. Eles me ofereciam a oportunidade de tranqüilizá-los, nutri-los e de lhes proporcionar um ambiente seguro. Fazendo isso, desenvolvi meu próprio santuário e, se nem sempre me sentia feliz ali, a experiência reflete quase à perfeição a idéia dos lugares extáticos.

A destruição de minha coleção de aquários e seus habitantes pode parecer um final triste para a história, mas não me lembro dela dessa forma. Quando vi a água e o vidro quebrado, e meu companheiro mastigando alegremente os peixes que eu criara com tanto zelo — apesar de nossa tendência epidêmica a dotá-los de emoção, os cães são figuras muito pouco sentimentais —, eu soube que uma parte de minha vida havia terminado e outra começara. Eu simplesmente não sabia o que me esperava ou que levaria décadas para descobrir o desenlace.

Após a limpeza, houve pouca ou nenhuma discussão em minha família. Não houve luto por causa dos peixes ou, até onde consigo lembrar, saudades. Meu palpite é que meus pais se sentiram aliviados.

Acho que eu sabia, em algum nível, que precisava ultrapassar aqueles limites gorgolejantes, e não teria sido capaz de fazê-lo sozinho. Desde então nunca mais tive um peixe, nem quis. Por fim também deixei para trás o cemitério. Meu envolvimento com a natureza pareceu terminar com o colapso de meu império piscoso. Mas, evidentemente, eu estava errado. Minha carência de natureza não havia se acabado; era uma lembrança, uma experiência incrustada em meu subconsciente, apenas esperando para voltar à vida. Talvez esperando por um cão, um border collie perturbado, que a despertasse.

Hoje minha vida é cercada de natureza, do que chamo de experiências extáticas. Em vez de peixes, possuo cães, jumentos, ovelhas, galinhas. Em vez de tanques, possuo celeiros. Em termos de preocupações, os sistemas de irrigação substituíram os filtros; o feno tomou o lugar do alimento para peixes. Ainda crio animais, e às vezes eles morrem. Meus cães vivem em um mundo ao menos em parte construído para eles, uma paisagem com cercas, ovelhas, riachos e sendas.

Caminho por quilômetros em florestas cerradas todos os dias, ajudo o ferrador a cuidar dos cascos dos jumentos, partilho o local não apenas com meus animais de fazenda e com os cães, mas com guaxinins, coiotes, gambás, doninhas, esquilos, morcegos, raposas, inúmeros pássaros, hordas de insetos e cobras. O garoto que detestava acampamentos de verão se surpreenderia. Ainda não consigo nomear a maioria das flores que crescem em meus jardins, ou a variedade de arbustos e árvores que me rodeiam. Dificilmente distingo um pássaro de outro. Um fazendeiro amigo meu emocionou-se no verão passado ao ver vários papa-figos dançando ao redor de uma velha árvore em meu caminho de acesso de veículos, uma rara visão. Eu não havia percebido.

Apenas recentemente comecei a entender que podemos experienciar a natureza de formas distintas, aproximarmo-nos dela a partir de perspectivas completamente diferentes. A natureza não se encontra apenas em regiões inexploradas.

Em Bedlam Farm, meus momentos e lembranças incluem tomar café-da-manhã com Paula na varanda da frente, levar as ovelhas para o pasto em uma noite enluarada, observar as galinhas abrindo caminho a bicadas pela grama, sentar diante do fogão a lenha crepitante em uma escura e silenciosa noite de inverno.

Por vezes tais momentos são passivos: observar nuvens negras de trovoada se aproximar, vindas de quilômetros de distância, ouvir o canto estridente dos pássaros. Por vezes, são ativos: afastar uma minúscula ovelha de sua combativa mãe, encontrar e comer ovos frescos pela manhã, atravessar riachos e córregos com Clementine. Posso me sentar por várias horas para observar a ronda dos coiotes ou um falcão voando em círculos, à caça de camundongos e cobras.

Minha alma gêmea nessa jornada tem sido Orson. Ele me trouxe até aqui. Cães são muito mais emotivos, amorosos e vivazes do que o mais brilhante dos peixes. Uma vida com cães — uma vez que eles são animais, não seres humanos — é sempre um encontro com a natureza, independentemente de onde ocorra, e com muita freqüência nos conecta ao nosso passado. Eles são criaturas simples, mas proporcionam diversidade sensorial, oportunidades de descoberta e imaginação, relação e solidão — eles certamente são jóias radiativas da memória.

A capacidade do adulto de olhar para o mundo com admiração é uma ferramenta essencial no trabalho do poeta, do artista, do pensador criativo. Edith Cobb, que muitas vezes escreveu sobre experiências criativas na infância, afirmou que a admiração é a origem de todo o conhecimento.

Meus peixes e meu cão Orson podem não ser capazes de experimentar o sentimento de admiração, mas o despertam em mim. Esse poderia ser um dos mais significativos dons de Orson — e ainda assim mais uma razão para enxergá-lo e aos outros cães como animais, não seres humanos. Quanto mais eles se parecem conosco, menos atuam como ponte para a natureza.

— Vamos dar uma volta — gritei para os cães em uma tarde quente e úmida de julho.

Eu trabalhara o dia todo e, de repente, senti-me cansado e desanimado. Às vezes fico enjoado de estar sentado diante do computador, enjoado de mim mesmo. Sinto saudades de minha mulher e minha filha e da tranqüilidade da vida em Nova York e em Nova Jersey.

Anthony e sua equipe haviam terminado o Quarto de Cachorro e seguiram em frente em direção a novas tarefas em outra parte. Eu estava contente por ter mais paz e silêncio, mas claro que sentia falta deles. Esse é um dos motivos por que amo os cães: eles não partem para a faculdade, não se cansam de minhas mudanças de humor nem aceitam novos empregos. Por outro lado, eles não conversam, nem entendem meu cansaço. Uma onda de tristeza me atropelou.

Abri a porta dos fundos e os cães correram para fora. Clem ficava feliz de ir a qualquer lugar, Orson queria apenas estar junto de mim. Só Rose parou para ver o que íamos fazer. Íamos até as ovelhas? Íamos dar uma volta de ATV? Atravessaríamos a estrada em direção ao pasto?

"Vamos pegar o ATV", decidi. Orson e eu daríamos um passeio. Deixei Rose e Clementine na varanda. Elas ficaram decepcionadas, mas se recuperariam.

Removi a coberta da máquina e Orson pulou sobre o banco traseiro. O motor rugiu cobrando vida e nos encaminhamos para a encosta, ao longo da cerca, até o topo da colina. Orson pilotava atentamente sobre meu ombro.

Conduzi o ATV para fora da trilha e, pela primeira vez, penetrei na floresta no alto da encosta, afastando-me mais do que jamais o fizera, ultrapassando minha propriedade e adentrando um espesso bosque de pinheiros. Percebi, pelas cercas de pedra e pelo arame enferrujado, que aquilo fora alguma vez um pasto.

Ocorreu-me que se algum contratempo se abatesse sobre nós ali em cima, ninguém sequer imaginaria onde nos procurar. O passeio tornou-se mais difícil, meu rosto batendo em galhos de árvores, o ATV saltando sobre rochas e troncos de árvore. Ainda assim, prossegui.

De repente, alcancei uma clareira; desliguei o motor.

Caminhei até uma pedra e me sentei. Orson farejou e circulou. Estava tremendamente quente havia dias, mas lá em cima estava mais fresco e úmido por causa de uma tempestade no dia anterior.

Eu não tinha uma idéia exata de onde estava ou de como voltar. Contudo, pelo sol, eu poderia escolher uma direção qualquer. Por fim, avistaria algo conhecido. Na pior das hipóteses, poderia simplesmente seguir as marcas do ATV, desde que voltasse antes de escurecer. Com o tempo, eu aprendera algumas coisas sobre a vida no campo.

Raios de sol brilhavam através das árvores. Orson estava deitado à minha frente, me fazendo companhia.

— Que criatura incrível você é — disse eu.

Orson se aproximou, ofereceu-me a pata, lambeu meu rosto. Ele sempre dá a impressão, verdadeira ou não, de que compreende.

Eu estava fora de mim e senti uma curiosa sensação, como se subitamente eu fosse imune à dor, insensível à perda. Minha perna não doía. Eu não era velho nem jovem, apenas estava ali, naquele local, naquele momento, sozinho na floresta, mas não solitário. Estava cercado pela vida em si. E na companhia daquele cão.

É importante — para o bem deles — entender e aceitar o que cães e outros animais podem e o que não podem fazer. As pessoas me diziam o tempo todo que desejavam seguir meu exemplo, que eu estava realizando seus sonhos naquela fazenda, com cães que amava, que eu estava vivendo suas fantasias, criando uma vida perfeita. Que estranho, eu muitas vezes pensava. Ninguém sabe o que é a vida de outra pessoa; ninguém deve, de forma impensada, desejar trocar de lugar com outra pessoa.

Eu sabia que era um homem de muita sorte. Minha reflexão a respeito dos lugares extáticos havia me ajudado a entender quem eu era e como chegara até aqui; também me fizera lembrar que eu podia, de fato, sair de mim mesmo.

Mas não com muita freqüência, e nunca por muito tempo. Na hora certa, inexoravelmente, o menino estranho e solitário regressa.

Eu gostaria de ultrapassar a barreira do tempo e de falar com ele. Eu gostaria de poder lhe dizer que as coisas iriam melhorar. Ele ficaria satisfeito em saber que um dia possuiria uma fazenda com encostas suaves, quatro celeiros e três cães afetuosos, jumentos, ovelhas e galinhas.

Assobiei para meu cão Orson e ele pulou em meu colo e me cobriu de beijos. Como ele poderia saber? Como poderia entender? Por que, então, parecia tão claro para mim que ele entendia?

Capítulo oito

Sírius

O verão chegou, quente, úmido e repleto de insetos um dia após o outro. Até mesmo os border collies se arrastavam, diminuíam a velocidade, descansavam à sombra. Na fazenda, a vida silenciava, tornando-se um murmúrio assim que o Sol se lançava no céu sem nuvens, sem vento.

Era a espécie de calor úmido que tornava inútil o banho: tão logo a pessoa saía do chuveiro, estava encharcada de suor. As ovelhas acamparam sob um imenso pinheiro no pasto e os jumentos adotaram o interior do celeiro. Havia pouco tráfego. As únicas criaturas em atividade eram as moscas, cruéis e onipresentes.

No final da manhã, fugíamos para a varanda ou para dentro de casa, onde as janelas enormes pareciam captar uma brisa leve.

"Dias de cão", diziam as pessoas, enxugando o rosto, quando as encontrávamos na loja de conveniências ou passávamos no correio.

Embora eu tenha ouvido essa expressão a vida toda, ninguém que eu conhecesse sabia dizer precisamente o que significava ou de onde surgira a idéia. Sempre imaginei que houvesse sido inventada no Sul e visualizava vira-latas apáticos, deitados ao acaso durante os piores dias de julho e agosto, quando nem mesmo os cães conseguiam obrigar-se a caminhar.

Descobri que a verdade era mais fértil.

Há milhares de anos, quando as luzes artificiais e a poluição não obscureciam o céu noturno, os romanos, dentre outros, desenhavam imagens no céu ligando os pontos brilhantes que viam acima deles.

Essas imagens estelares são as constelações, e à noite, quando os cães e eu nos embrenhamos no prado ou nos dirigimos ao alto do pasto e olhamos para cima, penso nessas pessoas que viveram antigamente e sinto-me conectado a elas. Muitas delas provavelmente também possuíam ovelhas e jumentos, e percebiam as mesmas coisas que eu.

Enxergavam no céu o que era importante em suas vidas. Algumas viam imagens de ursos (Ursa Maior e Ursa Menor) ou de touros (Touro). Talvez de forma significativa, tenham batizado um grupo de estrelas de Cão Maior. E nomearam a estrela mais brilhante dessa constelação — que também é a estrela mais brilhante no céu noturno — como Sírius.

Os antropólogos acreditam que a ligação seres humanos-cão provavelmente começou há milhares de anos. Talvez os lobos tenham se sentido atraídos pelos povoados e fogueiras de acampamentos, e as pessoas lhes atirassem ossos e alimento. Talvez as pessoas tenham encontrado um filhote de lobo, o tenham levado para o acampamento e criado. Talvez a coisa tenha transcorrido da seguinte forma: os seres humanos forneciam abrigo e alimento, e os lobos companhia, proteção e ajuda na caça.

Os romanos, mais próximos do que eu desse lobo original ao lado da fogueira, abarrotavam seus escritos e desenhos de referências a cães — animais de estimação domésticos, animais de guarda, caçadores e pastores. Os generais cavalgavam para as batalhas com cães; os ricos os criavam como animais de estimação; os pastores dependiam deles para proteger os rebanhos. A ligação ser humano-cão estava claramente em curso quando chegou a hora de dar nome às estrelas.

Sírius é brilhante, em parte por ser tão luminosa, 23 vezes mais brilhante que o Sol; mas também por estar muito próxima (para uma estrela), a apenas 8,6 anos-luz de distância. Os romanos deviam pensar um bocado em seus cães para terem batizado essa estrela em homenagem a eles.

O brilho de Sírius é tão intenso que os romanos achavam que a Terra recebia seu calor. A palavra deriva do termo grego para "abrasador" ou "ardente". Uma vez que no verão a Estrela do Cão se ergue e se põe com o Sol, os romanos acreditavam que o calor desse período — de 3 de julho a 11 de agosto — era provocado por Sírius, juntamente com o Sol. Para eles, Sírius era uma estrela maligna. Daí os sufocantes dias de cão.

Durante os dias de cão daquele verão, comecei a acordar às quatro e meia da manhã e, em vez de permanecer na cama ouvindo os pássaros, eu muitas vezes enfiava meus *jeans* e uma camisa e deslizava para fora com Orson.

Clem em geral não acordava; sentia-se feliz por permanecer na cama, enroscada perto de Paula. Rose arremessava a cabeça para fora de qualquer cômodo no qual se houvesse entocado quando ouvia meus movimentos, mas quando eu acenava para que se afastasse, desaparecia. Em todo caso, ela preferia pastorear ovelhas a sair atrás de uma estrela.

Orson, como sempre, ficava excitado por ir comigo. Piloto e aventureiro nato, estava pronto para qualquer coisa, a qualquer hora, desde que eu estivesse junto.

Saíamos em silêncio pela porta dos fundos, normalmente dando de cara com Winston e as galinhas já rondando à procura de larvas e vermes. Eu subia no ATV, acendia os faróis, liberava o afogador, aquecia o motor e partíamos. Que sorte a minha por viver em um local com poucos vizinhos para incomodar.

Se houvesse planejado e feito um bule de café na noite anterior, eu despejava um pouco em uma caneca de alumínio para viagem e a prendia na frente do ATV com uma corda flexível. Levava uma banana ou uma maçã e um lanche para Orson.

Em geral, ele já estava à espera no assento do ATV. Inclinava-se em minha direção e seu focinho se aninhava no lado direito de meu pescoço ou em meu ombro. Dirigíamo-nos ruidosamente ao topo do pasto, o que era um tanto excitante, uma vez que havia canais, charcos, detritos da fazenda e animais perambulando, todos por vezes difíceis de enxergar na escuridão que precede a aurora, mesmo com os faróis.

As jumentas, como sempre silenciosamente vigilantes, captaram a rotina. Na maioria das manhãs, quando rugíamos para o alto, estavam esperando por mim na orla do pasto. Eu desacelerava, deixava o motor em ponto morto, e enfiava a mão nos bolsos para pegar os biscoitos de jumento que geralmente levava. Acariciava-as no focinho ou lhes beijava a testa e as deixava mascando pacificamente. As ovelhas não desejavam tomar parte nisso e em geral permaneciam agrupadas na grama, deitadas em um círculo estreito.

Rugíamos sobre o caminho que atravessa o alto do pasto, e penetrávamos na floresta com seus vestígios de cercas de pedra e árvores mirradas, certamente em outra época um pasto, parte de uma fazenda mais antiga. Da clareira — a mesma que Orson e eu havíamos descoberto antes —, quando o Sol se erguia era possível ver toda a extensão do vale Black Creek, já bem dentro de Vermont.

Quando eu desligava o ATV, a floresta a princípio ecoava o silêncio. Por vezes, eu via cervos assustados afastarem-se correndo. Orson, que perseguia quase qualquer coisa, por alguma razão não se interessava por cervos. Nada naquele cão era coerente ou claro.

Eu me sentava em uma pedra e olhava para o alto, bebericando meu café, comendo minha maçã, contemplando Sírius, a Estrela do Cão, à medida que o céu no oriente começava a tingir-se de vermelho. Era como se a maior parte de minha vida houvesse me conduzido àquele local, em busca daquela estrela.

E lá estava ela, bem em cima de mim.

Exatamente como os astrônomos e fãs de estrelas da Internet haviam prometido, era impossível não notar Sírius. "Simplesmente olhe para o alto", um deles me escrevera em um *e-mail*, "e você vai encontrá-la. Ou ela o encontrará."

Os observadores de estrelas chamam Sírius de "campeã do brilho", mas acho que eu nunca realmente a contemplara. Ela é o luminar de Cão Maior e representa o maior cão de caça do caçador Órion; por isso ficou conhecida como Estrela do Cão.

Era, de fato, luminosa. Brilhava. Eu mal podia imaginar como seria há milhares de anos, quando nada no solo competia com ela e o céu não se achava encoberto por poluentes e fumaça. Havia nela algo de pessoal, não apenas pela ligação com cães, mas por parecer apontar diretamente para Orson e para mim, brilhando direto sobre nós. Nesse momento, senti o que as pessoas devem ter sentido milhares de anos atrás: aquela era minha estrela, nossa estrela, tão próxima que era possível tocá-la.

Orson prostrou-se ao meu lado.

— Olhe, meu amigo — murmurei. — Temos muita sorte. Nós temos uma estrela e não sabíamos.

Capítulo nove

No jardim

Minha fazenda tinha aproximadamente 170 anos, e estava repleta de ecos e vestígios do passado — papel de parede enterrado havia tempos, marcas de antigos degraus e aquecedores nas paredes, pedaços de madeira e canos quebrados que despontavam do solo depois de uma tempestade. É bastante difícil mantê-la e circular por ela nos dias de hoje, portanto admiro a energia e a determinação das pessoas que a construíram, passo a passo. Em algum ponto do processo, alguém plantou os jardins que circundam a casa.

Eu mesmo plantei um deles. Denominei-o Victory Garden, a base de concreto de um silo já extinto, que laboriosamente enchi de estrume de jumento e ovelha, centenas de metros cúbicos de terra, palha e animais mortos. Saturei-o com uma mixórdia de flores, plantas anuais e perenes, que eu não conseguia sequer nomear, e extraía um enorme prazer das cores luxuriantes que elas conferiam àquele canto de pátio junto ao celeiro.

Mas estava cada vez mais difícil cuidar dos jardins, especialmente para alguém com pernas deficientes, então contratei um grupo de mulheres da região, que adoravam árvores e plantas e supervisionavam o cultivo, a remoção das ervas daninhas e a poda, que estavam além de minha capacidade.

Trabalhadoras incansáveis, elas vinham uma vez por semana no verão para revolver o solo, colocar fertilizantes orgânicos, cuidar da irrigação e plantar novas mudas. Eram meses de serviço brutal sob o sol, mas elas fizeram um lindo trabalho. Eu adorava ver os jardins de Bedlam Farm vicejarem e florescerem.

Às terça-feiras, Sarah e Wendy chegavam em uma Subaru, munidas de pás, sacos de estrume de vaca, ferramentas de jardinagem e garrafas de água mineral. Sarah era estudante em Bennington e Wendy pegava trabalhos ocasionais, a maior parte deles ao ar livre.

Elas trabalhavam rápida e silenciosamente, e faziam um intervalo por volta do meio-dia para um almoço ligeiro. Adoravam os cães, que lhes retribuíam o afeto e adoravam brincar com elas. Até mesmo Rose juntava-se às duas para uma farejada e um carinho rápidos de vez em quando.

Eu sempre perguntava se os cães as estavam incomodando e prontificava-me a levá-los para dentro, mas Sarah e Wendy mostravam-se consternadas, até mesmo indignadas, diante da idéia. Clementine normalmente terminava no colo de Wendy; Rose recuava para o canto mais afastado do quintal para observar e Orson rapidamente transformou Sarah em uma de suas namoradas. Ela o adorava. Quando ela chegava ao quintal, ele se levantava correndo, cauda abanando, para lamber seu rosto. Então deitava de pernas para o ar para que ela lhe coçasse a barriga.

Para mim, essa amizade era um dos sinais de que Orson estava se recuperando. Outro era o ATV, que se tornara sua paixão, seu objetivo e seu trabalho. Curiosamente, a resgatadora de almas estava certa: ele precisava de trabalho, e encontrá-lo o estava ancorando.

As coisas pareciam estar dando certo. Nossas jornadas matinais para ver a Estrela do Cão não poderiam ser mais tranqüilas ou mais bonitas para mim — e quem sabe para ele. Era mais uma coisa que podíamos fazer juntos, algo que o fazia sentir-se feliz e bem-sucedido.

Nesse meio-tempo, nosso treinamento para acalmá-lo e centrá-lo prosseguia, junto com visitas regulares a Vermont para sessões de quiroprática e acupuntura. Eu continuava espalhando ervas em sua comida diariamente. E à exceção dos dias mais quentes, também prosseguíamos com nosso treinamento rudimentar de pastoreio. Orson ainda gostava de correr em círculos em torno das ovelhas no redil.

Eu tinha a sensação sem precedentes que descobrira a solução para aquele cão; o treinamento, o trabalho duro, a experimentação e as oportunidades oferecidas pela fazenda o estavam vagarosa e cuidadosamente curando. Eu estava fazendo quase tudo que podia e deveria. Fazer mais me parecia inconveniente, até mesmo excessivo; menos, porém, seria uma violação de nosso compromisso.

Orson tinha trabalho. Beneficiava-se com o treinamento contínuo e objetivo. Os dois tínhamos o que fazer juntos. Assim como Rose, agora também ele possuía uma função. Havia, na verdade, longos períodos do dia nos quais ele parecia bem relaxado, e não me perturbava ou causava estragos.

Outro começo. Por todo o tempo que me afeiçoara a Orson, não conseguia me lembrar de tanto sucesso, de tanto progresso em tantas frentes. Às vezes eu olhava para ele, enroscado aos meus pés enquanto eu escrevia e pensava: "Talvez eu tenha alcançado algumas dessas partes avariadas. Talvez tenha ajudado a consertar algumas delas."

Minha alma gêmea parecia estar encontrando seu lugar no mundo; por fim, o mundo parecia estar fazendo algum sentido para ele. Era imensamente gratificante, estimulante. Muitas vezes, desesperado ante a miséria e o sofrimento do mundo, eu quase desistia da idéia de que a situação podia em parte ser revertida. Assim, a melhora de Orson representou uma espécie de símbolo promissor.

Ele, é claro, também fazia muito por mim: vigiava-me, inspirava, era meu guardião, meu parceiro. Durante as semanas em que Paula voltou a trabalhar em Nova Jersey, ele esteve sempre — *sempre* — presente. Ao contrário de Paula, Orson admirava tudo o que eu dizia ou fazia, aprovava cada palavra que eu escrevia. Ele caminhava comigo pelo mundo.

Uma terça-feira, enquanto eu estava escrevendo e os cães estavam fora com Sarah e Wendy, ouvi um grito e sons de tumulto e preocupação vindos do pátio dianteiro. Saí para a varanda e vi Sarah segurando um lenço ensangüentado sobre o ombro direito. Sua camiseta estava rasgada a partir do ombro.

Ela estava transtornada e Wendy inclinava-se sobre ela. Orson parecia confuso, até mesmo envergonhado. Aproximei-me correndo e perguntei o que havia acontecido.

Sarah estava acariciando e abraçando Orson, deitado ao seu lado, disse ela; decidiu se levantar e ir para outra seção do jardim. Quando ficou de pé, Orson saltou e mordeu-a logo abaixo do pescoço, na clavícula.

Não era uma ferida profunda, mas era certamente uma ferida. Eu podia ver o sangue e as marcas. Dentro em pouco, a contusão começaria a aparecer.

Levei Orson para dentro de casa. No banheiro, aplicamos uma pomada antibiótica e cobrimos a ferida de Sarah. Ofereci-me para levá-la ao consultório médico, mas ela recusou, desmerecendo a agressão. Não era grande coisa, disse; havia sido mordida antes, até mesmo pelo cão de sua própria família. Ela adorava Orson; tinha certeza de que ele não tivera a intenção de lhe causar nenhum dano. Provavelmente fora erro dela, disse; devia ter se levantado muito rápido, se movimentado de mau jeito, irritando-o de alguma forma.

Eu apreciava seu amor por Orson e sua generosidade de espírito, mas disse-lhe que não via as coisas daquela maneira. Não fora sua culpa; ela não era responsável. Aquela era uma experiência inquietante, até mesmo assustadora, e eu estava terrivelmente aborrecido.

Ante minha insistência, ela veio várias vezes nas semanas seguintes para trabalhar com Orson. Trazia-lhe comida e petiscos, levava-o para passear, acariciava-o. A princípio ligeiramente ansiosa, superou esse sentimento e certificava-se de mover-se devagar quando Orson estava por perto. Por sua vez, ele sempre ficava feliz ao vê-la, era amistoso, correto, mostrava-se ansioso para passear com ela e se deitar a seu lado. Sarah continuou bondosamente a trabalhar com Orson nas imediações.

Mas fiquei abalado. Ele nunca havia mordido ninguém dessa forma. Eu não tinha nenhuma explicação óbvia. Certamente era possível que o movimento repentino de Sarah houvesse provocado nele alguma resposta ligada ao pastoreio, mas aquilo não era uma mordiscação, era uma mordida, a centímetros de sua garganta. Ele lhe tirara sangue, rasgara roupas, deixara marcas e escoriações. Aquilo fora um ataque a um ser humano, o primeiro de qualquer de meus cães. Eu não tinha nenhuma explicação pronta para o fato.

O mesmo ocorreu em meu crescente círculo de veterinários, treinadores, profissionais holísticos, conselheiros e xamãs.

Duas semanas mais tarde, um menino de nove anos, que seguia pela estrada para jogar basquete na igreja presbiteriana, estendeu a mão por sobre a cerca para acariciar Clementine, e Orson saiu correndo e tentou pegar sua mão esquerda, sem o machucar ou lacerar a carne, mas rasgando a manga de sua camisa. Como Anthony, o garoto era uma pessoa do campo, e cães que mordiscavam ou mordiam não eram raros para ele, mas ele ficou claramente assustado.

Chamei seus pais, ofereci-me para repor a camisa, apresentei profusas desculpas. Não me senti nem um pouco tentado a culpar o garoto. Claro, ele não deveria ter estendido a mão sobre a cerca, mas que criança não desejaria acariciar Clementine, que adorava sempre que alguém o fazia? A responsabilidade era minha; assim como o choque e a perplexidade.

Depois disso, não permiti que Orson permanecesse no pátio dianteiro se eu não estivesse com ele. Mantinha-o ou no terreno cercado dos fundos ou em casa.

Alguns dias após o incidente com o garoto, um sujeito que vivia nas imediações veio pedir permissão para caçar em minha propriedade durante a estação de caça aos cervos. Quase todos na cidade haviam me recebido bem e me fizeram sentir em casa, mas aquele homem tornara sua antipatia por visitantes e pessoas de fora — gente como eu — bem conhecida. Deixara claro que não me aprovava, não aprovava as mudanças que eu fizera na fazenda ou minha vida de modo geral. Eu tampouco morria de amores por ele. Não tivéramos brigas ou atritos, mas não éramos nem próximos nem amistosos. Mas ele era uma pessoa boa e honesta, e eu ficaria feliz em lhe dar permissão para caçar.

Ele chegou em um enorme trator que usara para fazer alguns trabalhos em sua propriedade. Orson estava fora de casa, no terreno cercado. Ouvi o ruído do trator, então um latido selvagem e tive um sentimento horrível. Corri para a porta dos fundos. Orson o havia mordido profundamente. A camisa do sujeito fora quase completamente arrancada do corpo; havia sangue escorrendo em seu peito, de uma ferida bem próxima à garganta.

Arrastei Orson para dentro e desculpei-me com meu vizinho, que apenas pensara em acariciar o cachorro por sobre a cerca do canil. Apesar de nossa frieza anterior, ele não culpou o cachorro ou sequer pareceu especialmente zangado. Uma das coisas de que gosto nas pessoas do campo é seu amor pelos animais, especialmente cães, e seu entendimento visceral de que problemas às vezes acontecem. Elas raras vezes abrem processos legais ou fazem muito barulho, o que aprecio.

Mas um temor ansioso me assaltou. Nos anos em que estivera comigo, eu nunca acreditara uma só vez, sequer por um segundo, que Orson fosse um cão violento ou perigoso. Esse pensamento não entrara em minha mente. Ele era o Grande Mordiscador, certo, um pé-no-saco irritante, um cão que poderia rasgar os *jeans* de alguém. Mas não um cão que causaria um ferimento. Eu nunca havia sonhado que ele pudesse machucar um ser humano da forma como fizera com aquele homem.

Eu havia romantizado, personificado, mitificado e racionalizado, e não podia mais fazê-lo. Agora eu sabia que Orson era capaz de machucar pessoas — uma amiga como Sarah, uma criança de passagem, um vizinho que se aproximara da casa. Isso depois de todos os exames, da socialização, do treinamento, do pastoreio, da acupuntura, das ervas e dos resgates xamânicos. Eu sentia meu coração acelerar de medo.

Entendi muito claramente que as coisas jamais seriam as mesmas. Antes, eu podia dizer a mim mesmo que Orson não feriria ninguém. Mas não podia mais dizer a uma criança a quem Orson mordesse, cujo rosto estivesse desfigurado por pontos ou cicatrizes, que não sabia que poderia acontecer — porque agora eu sabia.

Aquilo era um lembrete gritante dos limites do treinamento, do conhecimento, da paciência, do próprio amor. Eu nunca trabalhara com mais afinco em minha vida do que treinando meu cão problemático, e os incidentes no jardim me fizeram lembrar do que eu deveria ter sabido desde o começo: Orson era um animal, e partes dele estavam além do meu alcance.

Eu possuía uma forte perspectiva do que uma vida com cães deveria ser; escrevera livros e colunas a respeito, dera centenas de palestras sobre o assunto a pessoas de boa-fé. E eu não era ambivalente. Cães não deviam machucar pessoas, eu afirmara milhares de vezes. Se há alguma regra envolvendo cães, é que somos responsáveis por eles. Toda vez que um cão morde uma pessoa, especialmente uma criança, a vida de todos os cães é ameaçada.

Amaldiçoei os jardins. Todos os ataques haviam acontecido em ou perto de um jardim.

Em toda a minha vida com cães, muitos deles, eu nunca vira nada mais terrível e doloroso do que o peito ensangüentado de meu vizinho. Depois que o homem partiu, levei Orson para dentro de casa, sentei-me e o embalei em meus braços. Fechei os olhos o abracei com força.

— O que você fez? — perguntei repetidas vezes. — O que você fez?

Ele olhou para mim com ar inquisitivo, percebendo minha emoção, mas sem entender. Pareceu preocupado comigo, lambendo minhas mãos e meu rosto. Talvez entendesse mais do que eu.

Então fiz a mim mesmo a pergunta ainda mais dolorosa, embora talvez a correta: O que eu deixara de fazer?

Orson.

Capítulo dez

Escolhas

Eu tinha quatro opções.

Podia pedir a Anthony que construísse um canil mais seguro para Orson atrás da casa, longe do tráfego e dos visitantes, um local do qual ninguém conseguisse se aproximar, por sobre o qual Orson não conseguisse saltar ou contornar.

Podia encontrar um lar mais isolado e tranqüilo para ele, onde houvesse menos pessoas, menos veículos, menos portões e limites e menos coisas que os atravessassem.

Podia levar Orson a um especialista em uma escola de veterinária como Cornell ou a Universidade da Pensilvânia para realizar mais exames sofisticados — ressonância magnética, tomografia cerebral, outros exames de sangue e raios X — a fim de me certificar de que nenhum problema clínico, um tumor, por exemplo, ou algum dano neurológico, estivesse causando esse comportamento violento.

Podia levá-lo à veterinária e pedir que o sacrificassem.

Na manhã seguinte, Orson e eu subimos no ATV às cinco da manhã para ver Sírius. Ele assumiu sua posição de pilotagem no banco traseiro. O céu estava nublado demais para distinguir a Estrela do Cão com clareza e o Sol já se erguera, envolto em neblina. Era possível prever que o dia seria úmido e quente. Sentei-me mastigando uma torrada, atirando biscoitos para Orson e coçando a região sob seu queixo, seu local favorito.

Cães, cães. Um dia ele morde alguém no pescoço, na manhã seguinte está sentado nesse lindo cume de colina comigo, gentil como um gatinho.

— O que vamos fazer com você, meu amigo? — perguntei.

Considerei a primeira opção. Anthony construiria facilmente um canil seguro atrás da casa, com grossas estacas. Se a cerca fosse alta o bastante, ninguém estenderia o braço para dentro. Anthony poderia até mesmo construir duas cercas e eletrificar a externa. Haveria espaço suficiente no interior para que Orson corresse e um lugar estratégico a partir do qual observasse as ovelhas e a casa, mas ninguém poderia se aproximar dele.

Orson, eu sabia, detestaria. Ele queria estar sempre perto de mim, sempre participar de tudo. Ficaria latindo e espreitando ansioso para fora o tempo todo, à minha procura.

Eu também detestaria. Eu adorava estar com Orson; não o incluíra em minha vida para mantê-lo isolado grande parte do dia. Ele era uma criatura sociável e adorava estímulo e interação.

— Eu poderia construir o canil — declarou Anthony. — E ninguém conseguiria entrar nele e ele não conseguiria sair. Mas não seria um canil, seria uma prisão. Você sabe muito bem.

Eu sabia. Semanas antes, passara pela prisão Comstock, ao norte de minha fazenda. Ela também possuía duas cercas.

Não era para isso que eu tinha aquele cão, ou qualquer cão.

Enquanto eu refletia, Orson partiu para dentro da floresta, em meio à neblina, atrás de seu primeiro esquilo do dia. Sempre que Orson corria para o interior da floresta, eu ouvia guinchos alarmados ecoarem por entre as árvores. Então ele começava a cavar furiosamente a toca de alguma marmota, empilhando montes de terra atrás de si. "Pobre coitado", pensei. "Sempre à procura do trabalho certo, quase nunca encontrando."

E se eu localizasse uma fazenda distante, onde houvesse espaço para ele correr, bosques a explorar, e alguém que ficaria feliz em receber um cão como ele? Alguns fazendeiros apreciariam um cão como Orson e lhe dariam um bom lar. Mas eu me preocuparia com ele para sempre, pensaria nele constantemente, sempre sentiria saudades. Mais importante, estaria apenas tentando fugir da raia.

Evidentemente, há circunstâncias em que é apropriado dar um cão — eu já o fizera, não fazia muito tempo. Mas eu continuaria me sentindo, e sendo, irresponsável se simplesmente passasse adiante um cão problemático. Se ele mordesse outra criança ou outro adulto, talvez de forma mais séria, alguns centímetros acima, atacasse o rosto ou os olhos de alguém — será que eu poderia viver com isso? Deveria?

Eu estava sufocando em minhas próprias estatísticas, as que mencionara em meus artigos e palestras por todo o país: quase cinco milhões de pessoas são mordidas por cães todos os anos. Centenas de milhares, mais do que metade delas crianças, são feridas seriamente o bastante para ir a um hospital. Conversem com qualquer pediatra de um setor de emergência se quiserem saber o que um cão pode causar a uma criança. Eu conversara com vários.

Cães que mordem provavelmente o farão outra vez. Apreciadores de cães não gostam de lidar com essa questão, por motivos óbvios e compreensíveis. Mas para mim, cães que machucam pessoas violam o entendimento básico entre seres humanos e cães. Cães que mordem ocasionam processos, problemas de seguro, restrições ao movimento de todos os cães e muita dor e sofrimento humano. Criar um cão violento é contrário a tudo que acredito a respeito de uma vida com cães; passar um deles a outra pessoa não era muito melhor. Não, eu não podia dar Orson e simplesmente esperar que o melhor acontecesse.

Eu chegara à seguinte conclusão: não seria egoísta de minha parte valorizar mais meu amor por um cão do que a segurança e o bem-estar de outros seres humanos? Isso não falsearia a história e a natureza dos cães, seu lugar em nossas vidas? Orson não era mais importante para mim do que a segurança de uma criança. Pelo menos, eu não queria que fosse.

A terceira opção talvez fosse a mais viável. Ir a Cornell, gastar cinco ou seis mil dólares (eu havia verificado) nos minuciosos exames necessários para determinar se havia causas físicas desconhecidas — um tumor no cérebro, talvez — gerando aquele comportamento agressivo. Um veterinário sugeriu que Orson poderia, quando excitado, estar sofrendo de algo semelhante a ataques de epilepsia.

No entanto, tais testes poderiam ou não descobrir alguma coisa. Seriam caros, assustadores e dolorosos para ele, exaustivos para mim. Eu esgotara as possibilidades da veterinária convencional e grande parte da medicina alternativa também. Minhas bancadas da cozinha estavam abarrotadas de ervas chinesas; Orson fora perfurado por um sem número de agulhas. Eu poderia salvar cinqüenta cães com o custo de uma ida a um especialista.

Eu comprara uma fazenda e a abastecera de ovelhas em parte por causa de Orson, treinara-o com dedicação no calor, no frio, na chuva. Empregara montes de guloseimas, gastara milhares de horas repetindo comandos de sustentação, tranqüilização e obediência. Juntos, chegáramos a obter uma faixa de pastoreio.

Qual o limite do que era apropriado fazer por um cão? Quanto dinheiro era um gasto excessivo? Quanto tempo era tempo excessivo? Quanta energia emocional uma pessoa deveria investir?

Vivendo neste pequeno vilarejo no norte do estado, aproximei-me mais do que nunca da pobreza opressiva contra a qual as pessoas lutavam. Havia Margaret, na descida do morro, morrendo de câncer, vivendo sozinha com três gatos. Os vizinhos deixavam refeições em sua varanda, pois ela era orgulhosa demais para aceitar comida de graça.

Uma família mais acima na estrada vivia em um *trailer* com buracos enormes cobertos por tela asfáltica. Adolescentes batiam à minha porta toda semana, praticamente implorando por trabalho. Vinham caçadores de olhos fundos, desesperados por permissão para caçar — não por esporte, mas atrás de alimento para suas famílias. Eu ouvira falar de cães mortos a tiros porque seus donos não podiam pagar tratamento veterinário.

Onde estava o equilíbrio entre os tratamentos e o dinheiro que eu esbanjara com Orson e as necessidades e atenções de que careciam seres humanos que viviam à minha vista e no âmbito de minha consciência, e além delas? Eu não sabia, mas visceral e instintivamente, julgava que estava me aproximando do limite, talvez já o houvesse ultrapassado.

Não, não me parecia correto submeter aquele cão a mais testes, gastar milhares de dólares procurando respostas que poderia jamais encontrar.

Eu tratava meus cães com carinho, em parte por viverem conosco e nos servirem de forma tão leal e dedicada.

Quando o papel que os cães desempenham torna-se destorcido e confuso, quando não estabelecemos limites em nosso amor por eles, dilaceramos o tecido que nos conecta tão intimamente. Meus cães nunca permanecerão em respiradores em unidades de tratamento intensivo, nunca viverão além de seu tempo, ou tomarão o lugar de seres humanos. Essa é minha ética, não uma prescrição para outra pessoa. Todos temos de fazer nossas próprias escolhas.

Inesperadamente, eu precisava fazer a minha.

Aquilo me deixava com a última opção: sacrificar um cão que amava muito, que havia mudado minha vida, sobre o qual escrevera livros e artigos, que era conhecido e amado por muitas pessoas além de mim. Eu devia muito a ele.

Eu temia até mesmo conversar com Mary, veterinária de Orson, sobre a possibilidade de submetê-lo à eutanásia. Imaginava-a chocada e horrorizada por eu sequer considerar tal possibilidade, e visualizava-a recusando-se a sacrificar Orson, expulsando-me de seu consultório, forçando-me a procurar um veterinário menos ético que faria isso por dinheiro, sem fazer perguntas. Eu tinha o nome de alguns deles.

Eu chegava a ouvir suas palavras: "Não matamos animais como Orson. Ele é maravilhoso. Ele é saudável. Como você ousa sequer perguntar?" Ela amava qualquer tipo de animal. Amava Orson também, e sempre perguntava por ele. Não ficaria horrorizada?

Depois que voltamos para casa, liguei para ela e perguntei se poderia lhe fazer uma visita. Ela me disse que fosse imediatamente.

Mary pareceu intrigada quando compareci sozinho, sem nenhum dos cães, mas conduziu-me a seu pequeno consultório. Sentei-me em um banco. Lembro-me do quadro de um orgulhoso dálmata pairando sobre nós enquanto conversamos, durante uma hora, a respeito de Orson.

Ela já tinha conhecimento da excitação e do costume de mordiscar de Orson, claro. Então lhe contei os incidentes, as mordidas, o sangue, as camisas rasgadas. Ela disse que entendia o que eu estava sentindo. Precisara sacrificar um cão agressivo dela própria.

Repassamos detalhadamente todas as possibilidades. Orson poderia muito bem ter algum tumor ou outro problema médico, disse ela. Mas o tratamento convencional não o detectara e os tratamentos holísticos não o haviam eliminado. Ela me informou sobre o que esperar se recorresse a especialistas ou veterinários behavioristas, o que fariam, o que poderiam encontrar, o quanto poderia custar.

Enviá-lo a um novo lar era uma possibilidade e Mary concordou em procurar pelas redondezas. Mas também achava que eu basicamente estaria transferindo um problema sério para outras pessoas.

Ela não me disse o que fazer, mas declarou que sua prática — afetuosa, responsável e ética — não abonava a circulação de cães que causavam danos a seres humanos. Era da opinião que cães violentos precisavam ser sacrificados, e se eu acreditava que Orson era de fato um deles, se eu tivesse um motivo sério para crer que ele machucaria mais pessoas, ela me ajudaria.

— Em última análise — disse Mary —, é você quem mais conhece seu cão. Realmente só você pode decidir. Você tem meu apoio.

Ouvir aquilo quase me levou às lágrimas. Eu não podia pedir mais. A veterinária de Orson estava me dizendo que confiava em mim para tomar a decisão; aquilo significou muito.

Fui para casa para pensar, dar uma caminhada e decidir. Passeando atrás da casa, olhei para o céu, para o local onde a Estrela do Cão apareceria de manhã. Bonito, mas inútil.

Liguei para Lesley, a xamã. Aquele não era seu território, e na verdade eu não queria visões ou comunicações. Mas, estranhamente, ela se tornara uma amiga, alguém que eu achava que conhecia o espírito de Orson, portanto eu apenas desejava que ela soubesse o que estava acontecendo. Ela não tinha nenhum conselho a dar, uma das razões por que gostava dela. Certas coisas pertenciam à esfera do espírito, outras ao domínio humano, e ela respeitava a diferença. Os ataques pareciam horríveis e graves, disse. Eu estava certo em levá-los a sério. Portanto, até mesmo a xamã estava sem idéias.

Todos ao meu redor — especialmente Paula — entendiam que aquela era uma decisão a ser tomada por mim. A princípio, ela ficara horrorizada com a confusão e as despesas que aquele cão havia causado, mas viera a amá-lo, e vice-versa. Ela poucas vezes presenciara a agressividade que estava causando todo aquele problema, via apenas o amor de criatura que dormia aos pés da cama e lambia nosso rosto a cada manhã. Sacrificar

Orson? Será que eu conseguiria realmente fazer isso?, admirava-se Paula. Emma insistiu para que eu fosse devagar, perguntava-se se não havia nada mais a tentar.

Um amigo chegado pediu-me que não matasse Orson.

— É um erro. Você vai se arrepender. Continue trabalhando com ele. — Ainda que bem-intencionado, esse era um conselho que eu não pedira e do qual não precisava.

Eu na verdade não estava pedindo opiniões, e as pessoas que me conheciam bem não ousavam dar palpite.

Era escolha minha, a veterinária havia dito. Poderia haver mais alternativas. Ela não gostava de matar animais saudáveis, bem-ajustados. Mas sabia o quanto eu amava Orson, o quanto me esforçara para ajudá-lo e treiná-lo. Se decidisse sacrificá-lo, ela ou viria à fazenda para isso ou marcaria uma hora na clínica.

Assim, inesperadamente, ali estávamos nós. Quatro opções, nenhuma delas boa.

Muitas vezes me vi sozinho nas horas difíceis. Volto-me para dentro, tornando-me quase uma esfera, tentando refletir sobre o que deve ser feito.

Mas também vim a confiar no pensamento e nos escritos de umas poucas pessoas que me tocaram, inspiraram ou me guiaram. Levo seus livros quando viajo, mantenho-os empilhados ao meu redor em casa. Eles quase nunca me dizem completamente o que fazer, mas sempre me ajudam a decidir. Chamo-os de meu conselho diretor secreto.

É um grupo muito seleto. Thomas Merton, o falecido monge trapista e escritor, está a serviço no conselho. Assim como Abraham Lincoln, cuja lucidez moral e humanidade o guiaram através de escolhas muito mais terríveis do que qualquer das que eu jamais enfrentaria.

Quando se tratava de escolhas éticas, o processo pelo qual uma pessoa as faz ou não, eu sempre lia e relia Hannah Arendt, a filósofa. Eu gostava especialmente de *Responsabilidade e julgamento*, uma série de artigos sobre o certo e o errado e sobre como cada um de nós decide qual é qual. Muitas vezes apelei para esse livro quando tinha escolhas difíceis a fazer, e ele nunca deixou de me ajudar.

Então me sentei na varanda com Orson e li um dos capítulos de Arendt sobre conduta moral. Era um final de tarde agradável, cálido, e os falcões lentamente sobrevoavam em círculos o prado, diante da casa. Orson cochilava na varanda, perto de mim, Rose estava sentada ao lado da cerca, observando as ovelhas. Clementine estava deitada de costas na grama, roncando satisfeita.

Era terrivelmente desestimulante ter vivido estas pouco mais de cinco décadas, lutado para chegar a este lugar com grande ajuda e inspiração de Orson, estar vivendo na fazenda, sentado nesta linda varanda, em uma maravilhosa e relaxante tarde de verão e pensar sobre esse ato horrível.

O galo Winston pulou a cerca e veio sentar-se perto de Orson, como sempre fazia à tarde. Ouvi as jumentas zurrando baixinho no celeiro, onde haviam buscado refúgio contra o calor, lembrando-me de que gostariam de um ou dois biscoitos. Sentia-me velho, cansado e triste. E só. Em breve eu poderia estar ainda mais só.

Então li. A conduta moral, escreveu Arendt, depende, na maioria das vezes, das discussões que travamos conosco. Não devemos nos contradizer abrindo exceções a nosso próprio favor; não devemos nos colocar em posições nas quais nos desprezaríamos. Moralmente falando, isso nos habilitaria não apenas a distinguir o certo do errado, mas também a fazer o certo e evitar o errado.

Encontrei o trecho que estava procurando. "Certamente não é uma questão de preocupação com o outro, mas consigo mesmo, não de submissão, mas de dignidade humana, até mesmo de orgulho humano", escreveu ela. "O critério não é nem amor ao próximo nem amor-próprio, mas auto-respeito."

Não importava o que outras pessoas, ou outros amantes de cães, teriam feito ou pensariam do que eu decidisse. O que importava era o que eu pensava; o respeito que precisava buscar era o meu próprio.

O mundo está repleto de pessoas convictas, de opiniões fortes, que possuem um sentimento claro do que as outras devem fazer. Em parte alguma elas eram mais numerosas do que na vasta rede de pessoas e instituições que constituem a cultura canina. Eu muitas vezes conhecia gente muito segura a respeito de tudo. Amanse o cão dessa forma. Treine o cão daquele jeito. Sempre faça isso, nunca aquilo.

Entretanto, se minha convivência com cães me ensinara alguma coisa, era a ter menos, não mais certezas. Quando mais conhecimento eu possuía a respeito deles, menos confiante me sentia sobre por que cães latiam. Os animais têm formas de ensinar as pessoas que apesar de todos os seus livros, veterinários, *sites*, xamãs e profissionais holísticos, elas não estão no controle. Os animais vivem em seu próprio domínio, sob o comando de sua própria inteligência.

Conheci um pregador, alguns quilômetros ao sul da fazenda, que percorria os montes e vales, procurando salvar almas; eu o apreciava, admirava sua energia e fé. Ele me contou que nunca salvara uma única alma em todos esses anos de caminhada, mas nunca deixara de tentar um dia sequer.

Ele sempre gostara de meus cães, gostava de acariciá-los e de conversar com eles. Costumava dar uma passada em minha pequena cabana no topo da montanha uma ou duas vezes por ano, muitas vezes no inverno, para perguntar sobre minha alma, e embora não fosse longe comigo, sempre ficava para uma xícara de chá. Conversávamos por alguns minutos, enquanto ele descansava e reunia forças para o restante de seu dia exaustivo.

Pensei nele aquela tarde, e desejei que viesse. A certa altura em todas as visitas, ele costumava dizer que o diabo era o melhor teólogo do mundo, porque distinguia o certo do errado melhor do que qualquer pessoa. Eu teria gostado de encontrar alguém com tanta certeza.

Em vez disso, eu era o único pregador, legislador e teólogo de meu mundo. Pensei em todas as pessoas para quem eu podia ligar, consultar ou com quem podia dividir minha angústia — mas parei. A única pessoa a quem eu precisava perguntar era a mim mesmo, sentado bem ali, ao lado de meu cão.

O que me arrancou de minha letargia foi uma bela passagem de Immanuel Kant citada por Arendt, tão apropriada para aquela tarde de verão, próxima do fim dos dias de cão, que senti um arrepio apesar do calor: "Duas coisas enchem a mente de admiração e respeito sempre novos e crescentes, quanto mais freqüente e persistentemente refletimos sobre elas: o céu estrelado acima de mim e a lei moral dentro de mim."

Orson e eu estivéramos sob o céu estrelado durante todo o verão e agora eu precisava ouvir a lei moral dentro de mim.

Liguei para a veterinária de Orson.

Orson e Clem.

Capítulo onze

Dormindo

Era dia 3 de agosto, já bem entrado nos dias de cão. Faltavam apenas oito dias. Não mais veríamos Sírius se erguer junto com o Sol novamente por outro ano. Orson não a veria nunca mais, ao menos não comigo.

Eu precisava examinar a situação. O quanto o amava. O quanto as outras pessoas o amavam. Até que ponto ele era uma parte essencial de minha vida. O quanto havíamos feito juntos. O quanto ele havia feito por mim. O quanto nos divertíramos e em quanta confusão se metera.

Orson se tornara, para muitas pessoas, um símbolo de seres humanos cumprindo o prometido a seus cães. Muitas pessoas haviam me contado como, de uma forma ou de outra, nosso acordo as fizera estabelecer e manter seus próprios acordos. Conseqüentemente, sua morte as entristeceria e indignaria, e desencorajaria algumas delas.

Eu sempre me perguntaria se havia feito a coisa certa. Sentiria saudades. Orson era o cão de minha vida e provavelmente eu não teria outro.

Eu perderia meu guardião, meu guia, a quem desapontaria da forma mais extrema, mais profunda. Estaria violando o pacto que nos unira durante anos e alterara grande parte de minha vida.

Afastei esses pensamentos, que provocavam sofrimento e dúvida, pois a decisão estava tomada. Eu viveria com ela. Ou não.

Mary, a veterinária de Orson, sensível à minha tristeza e aflição, ofereceu-se para vir à fazenda para sacrificá-lo. Recusei. Eu não queria que ele morresse aqui; não queria associar a fazenda à morte de Orson. Ele fora muitas vezes ao consultório da veterinária e sentia-se à vontade com ela. E eu desejava que ele dispusesse da segurança do aparato profissional para o caso de algo dar errado. Eu estaria lá com ele.

Chamei Anthony e pedi-lhe que cavasse uma sepultura no alto do pasto, na crista da encosta, de onde Orson pudesse ficar de olho nas coisas. Pedi-lhe que encontrasse um pedreiro para gravar seu nome em um bloco de pedra bruta para colocar na sepultura.

E pedi-lhe que ninguém estivesse perto do local à tarde.

Em poucas horas, a sepultura ficou pronta; a pedra estava gravada e achava-se perto dela. E não havia ninguém lá. No verão, a fazenda pode ficar assustadoramente silenciosa à tarde; os animais param no calor e esperam o pôr-do-sol para se deslocar e procurar alimento.

Um último passeio.

— Vamos andar de ATV — gritei para Orson e ele saltou alegremente para seu assento. Cruzamos a colina, passamos bem ao lado da cavidade no chão e entramos na floresta, onde nos sentamos muitas vezes e esperamos por Sírius, a Estrela do Cão. Sentei-me na pedra habitual e ele pulou em meus braços. Abracei-o longa e fortemente, ele me lambeu várias vezes, então pulou para o chão para se coçar, mantendo a cabeça em meu pé.

— Obrigado por me resgatar de Nova Jersey e dos livros tecnológicos — declarei. Era tudo o que havia para dizer.

Voltamos a descer a encosta e nos dirigimos à clínica veterinária. Nossa consulta estava marcada para as cinco da tarde, a última do dia, quando a maioria dos funcionários já saiu, bem como todos os clientes. Havia apenas um par de carros no estacionamento.

Mary estava esperando por mim perto da porta lateral, para que eu não precisasse passar pela sala de espera. As agulhas estavam prontas sobre a mesa de exames. Ela pouco falou, a não ser para me dizer que ela mesma uma vez tomara decisão semelhante com um de seus cães e que apoiava a minha. Disse-me para não me preocupar com a conta, que seria enviada depois. Percebo agora que nunca chegou.

Era uma sala de exames pequena, imaculada, anti-séptica. Sentei-me no chão. Orson, ansioso, avançou para o meu colo. Mary perguntou se eu estava pronto e fiz que sim com a cabeça. Ela foi completamente profissional e delicada, sabendo exatamente quando falar e quando não.

Orson pousou a cabeça em meu ombro direito, o corpo inclinado sobre meu peito, e me olhou nos olhos, tremendo ligeiramente. Lambeu meu rosto e acariciei-lhe a cabeça. Mary inseriu uma agulha em sua pata dianteira esquerda e administrou um poderoso sedativo, uma mistura de acepromazina e Torbusegic. Ele lambeu meu queixo bem rápido, então desabou e seus olhos começaram a se fechar. Beijei seu nariz e seu focinho e abracei-o com toda força.

Em seguida, Mary administrou a droga Sleepaway, para parar seu coração. Aninhei sua cabeça e seu ombro com a mão direita, mantendo a esquerda em seu peito, bem perto do estetoscópio de Mary. Pude sentir seu coração desacelerar, então parar.

— Ele se foi — disse Mary, auscultando cuidadosamente com o estetoscópio. Entregou-me uma pesada sacola de lona e juntos colocamos o corpo dentro dela e a carregamos para minha caminhonete.

Era um dia muito quente e úmido. Voltei para a fazenda, estacionei a picape atrás da casa.

Deixei Rose sair. Rose via tudo que acontecia na fazenda, de bom e de ruim, constantemente inventariando as idas e vindas. Convivera com Orson quase sua vida inteira, lidando com ele com habilidade, cedendo sem se tornar submissa como Holmer. Ela deveria participar do sepultamento, pensei.

Clementine permaneceu no pátio dianteiro. Labradora dócil e afetuosa, ela não fazia parte do drama. Na maior parte do tempo, preocupava-se com amor e alimento. Com ou sem Orson, ela teria ambos.

Decidi que precisava carregar Orson até o alto da encosta. Eu não arrastaria seu corpo em uma sacola, não o colocaria no ATV, não o atiraria na traseira da picape. Tinha de carregá-lo nos braços até o local da sepultura.

Mas o corpo pesava quase 23 quilos. Eu logo estava encharcado de suor e sem fôlego. Os insetos cobriam todo o meu corpo e o dele. Minha perna defeituosa começou a latejar.

Rose, tendo farejado o corpo, caminhava silenciosamente ao nosso lado, mantendo-se próxima.

Precisei parar várias vezes. Minha perna e minhas costas rebelavam-se contra aquela carga, a dor descendo para meus joelhos, piorando a cada passo. Em pouco tempo, a perna ficou dormente. A cada cinco ou dez minutos, eu tinha de pousar o corpo na grama e descansar.

A dor — de ambos os tipos, de todos os tipos — era quase insuportável. Pensei em ligar para Anthony para pedir ajuda, mas suspirei fundo e pedi forças.

Eu conseguiria. Devia a Orson ao menos isso.

A batalha até o topo da encosta levou mais de meia hora, seu corpo ainda quente em meus braços, e quando chegamos, esmoreci ao ver que a sepultura não era funda o bastante. Eu temia que os coiotes ou outros predadores o desenterrassem, e não suportava a idéia. Rose farejou o corpo outra vez enquanto ele jazia no chão e olhou para mim com ar inquisidor, desejando saber quais seriam as instruções.

Não houve nenhuma. Voltamos a descer a encosta até o celeiro, onde peguei uma pá, então tornamos a nos arrastar encosta acima com ela. O solo estava seco e firme — chovera pouco naquele verão — e custei a cavar um buraco suficientemente fundo. Precisei cavar por longo tempo, arrancando as pedras maiores uma por vez.

Quando terminei — banhado de suor, coberto de terra e sentindo dores terríveis —, inclinei-me, beijei Orson no focinho e arrastei seu corpo para dentro da sepultura; não me sobravam forças para erguê-lo. Posicionei o corpo da forma correta, para que as pernas não formassem ângulos desajeitados. Ele parecia confortavelmente adormecido. Fechei seus olhos.

Levei mais algum tempo para cobri-lo de terra e nivelar o solo. Em seguida, arrastei a lápide de pedra para cima do túmulo. A inscrição dizia simplesmente: *Orson*.

Enfiei a mão no bolso para pegar o poema que levara comigo. Lera-o para Orson algumas vezes, quando a Estrela do Cão erguera-se à primeira luz da manhã. O poema, de Boris Levinson, chamava-se "Sonho". Li o trecho a seguir:

Eu, criança
Tento alcançar as estrelas...
Sírius está tão perto.
Corro à encosta mais próxima
Meus braços sempre curtos demais
Espere até que eu seja um homem adulto!

Agora, estou velho e curvado pelos anos
Acabaram-se as corridas encosta acima, até o topo da montanha —
Mas um brilho cálido, firme, vivificante
Me alcança vindo de Sírius... a inatingível.
Recolho
Feixes brancos iridescentes e evanescentes de luz de estrela
Para minha viagem de volta a casa
A Sírius, a estrela do cão.[2]

Na maioria das vezes, tenho a impressão de que meus cães e eu nos comunicamos sem palavras. Mas senti que precisava dizer alguma coisa.

— Amo você. Obrigado. Estou muito triste.

Ocupei-me da sepultura por quase meia hora, certificando-me de que estava preenchida, a terra firmemente comprimida. Sentia-me exausto e sem ânimo. A dor em minha perna era diferente, preocupante.

Ouvi o rumor de cascos e ergui os olhos para ver Rose deslocar as ovelhas em minha direção a toda velocidade. Algumas pessoas acham que os cães pensam como nós, mas Rose me fez lembrar que não era verdade. Ela não estava interessada em lamentações.

— Dê um tempo, Rose. Deixe as ovelhas sossegadas.

Ela parou, parecendo surpresa, largou as ovelhas e juntou-se a mim. Desci com ela a encosta, sem olhar para trás.

No caminho, passei por Winston, o galo, mancando.

Duas semanas após a morte de Orson, eu estava no Hospital for Special Surgery, em Nova York, recebendo tratamento para estenose espinhal severa. Minha perna defeituosa, ao que se constatou, não era absolutamente uma perna defeituosa, mas uma coluna defeituosa, na qual discos danificados pressionavam nervos, causando dor cada vez mais intensa.

---

2. *I, a child / Try to reach the stars... / Sirius is so near. / I run to the nearest hill / My reach is always too short / Wait till I am a grown man! / Now, I am old and bent with years / No more running to the hill and mountain top — / Yet, a warm, steady, life-giving glow / Reaches me from Sirius... the unattainable. / I collect / White iridescent and evanescent starbeams / For my trip home to / Sirius the dog star.* (N. da T.)

Antes de finalmente ceder à insistência de Paula e procurar tratamento, eu era incapaz de dar mais do que poucos passos.

Paula passou dias me levando a atendimentos, para raios X, mielogramas e ressonâncias magnéticas, consultas com neurologista, cirurgião, fisioterapeuta — um especialista em administrar a dor. Às vezes, quando a dor piorava, Paula me conduzia pelo hospital em cadeira de rodas. Eu cruzara um portal e penetrara em um mundo que temia, no qual não controlava nada e me sentia à mercê de todos.

Era exatamente o tipo de vida que eu sempre jurara evitar, tão distante de Bedlam quanto possível. Eu sentia saudades da fazenda, do silêncio, das rotinas, dos pequenos dramas e dos animais. Sentia falta da comunidade que encontrara, dos amigos que fizera. Irritavam-me os formulários do seguro-saúde e as salas de espera, o barulho da cidade e o congestionamento do tráfego, a dor, as compressas de gelo e os comprimidos.

Aquilo era desconcertante e assustador. Cada médico parecia dizer uma coisa diferente, ou apresentá-la de jeito diferente, ou interpretar a situação de forma diferente. Para me aliviar, o fisioterapeuta injetou cuidadosamente um esteróide dentro do canal vertebral. O tratamento funcionaria por vários meses ou talvez apenas por semanas, ou poderia não funcionar. Eu logo estaria andando, ou não andaria corretamente por muito tempo. Iria precisar de cirurgia. Poderia ser uma operação simples ou abrangente. Ou poderia não precisar de cirurgia alguma.

Na fazenda, a vida era tão regular, tão elementar. Os animais comiam de manhã. Eu levava os cães para passear. Pastoreávamos as ovelhas. Eu trabalhava. Levava os cães para passear novamente, os animais eram alimentados mais uma vez.

Eu sentia falta de Orson.

Em Nova Jersey, enquanto descansava entre duas consultas, um amigo me ligou. Como vai a fazenda?, ele quis saber. Como estão os cães?

Contei-lhe que havia sacrificado Orson. Ele mostrou-se incrédulo.

— Meu Deus — disse. — Não posso acreditar. Você matou Lassie.

Era o tipo de coisa que se diz em Nova York, sinistra, ferina, cínica. E verdadeira.

Capítulo doze

A vida na fazenda

A mente humana é ardilosa; enxergamos o que precisamos enxergar. Eu sempre pensara em Orson como um guardião, um protetor; acreditava que ele tomava conta de mim. Realmente não consigo explicar por quê, mas me sentia mais seguro com ele por perto.

Orson chegou em um dos períodos mais felizes e mais produtivos de minha vida. Sua morte pareceu marcar uma época mais sombria.

Minhas costas e minhas pernas estavam melhores após o tratamento, mas ainda se achavam bastante doloridas. Isso era tanto desalentador quanto deprimente, uma nova realidade. Obrigado a descansar e me recuperar, precisei contratar pessoas que fizessem tudo que eu adorava fazer e que fora para a fazenda para fazer — alimentar as galinhas, escovar as mulas, varrer o celeiro, recolher os ovos, carregar forragem e grãos. Contratei até mesmo Annie, que adorava animais e morava em uma cidade próxima, e a quem eu apelidara de Dama das Cabras de Cossayuna, para passear com meus cães, algo que nunca imaginei que faria.

Annie tinha um jeito maravilhoso com animais; por fim seduziu até mesmo a solitária Rose. Ela entendeu que levar Rose para o pasto e deixá-la conduzir o rebanho de um lado para o outro algumas vezes despertaria seu amor em uma fração de segundo. E, claro, Clementine gostava de todo mundo, especialmente de Annie, que a levava para nadar no riacho. Ainda assim, era uma decepção ver meus cães irem passear com outra pessoa.

Outros problemas persistiram ao longo do verão, entrando pelo inverno adentro. As jumentas adquiriram abscessos nos cascos e coxearam por algum tempo. Um forte temporal gerou uma inundação que varreu o pasto e danificou o celeiro. Uma de minhas ovelhas ficou doente e morreu.

Uma manhã, saindo com cuidado para ir ao celeiro, descobri Winston imóvel sobre o chão de concreto, a cabeça inclinada. Meu amigo Carr disse que traria seu machado. Em vez disso, entrei em casa e peguei meu rifle. Em ambos os casos, eu lhe proporcionaria uma morte rápida, sem sofrimento.

Mas Annie surgiu no acesso de veículos justo nesse instante. É impossível matar um animal com Annie por perto. Ela tomou Winston nos braços, aqueceu-o, correu para dentro de casa atrás de concha de ostra triturada e outras poções que acreditava que ajudariam. Ver aquela criatura orgulhosa, tão empenhada em vigiar suas galinhas, naquele estado debilitado foi desanimador.

E a coisa continuou. O outono foi úmido e enevoado, o inverno, úmido e frio, minha bronquite crônica veio e se instalou por semanas. Um amigo na Califórnia morreu. O trabalho de Paula manteve-a em Nova York durante grande parte do outono e início do inverno. Emma tinha um novo emprego e só pôde vir até o norte duas vezes.

— Você está estranho — Anthony vivia me dizendo.

Eu e minha amiga Becky jantamos juntos uma noite.

— Você está abatido — disse ela.

Eles estavam certos.

Eu sacrificara meu protetor e tempos sombrios sobrevieram. No curso normal dos fatos, eu tinha muita fé — não no sentido religioso oficial, mas era certamente uma propensão espiritual. Acredito que quando alguém faz uma coisa boa, não deve desistir, deve continuar tentando, pois chegará a algum lugar. Esse pensamento sempre me sustentou, mas naquele outono e inverno, a idéia pareceu se dissolver.

Eu achava que nunca mais me livraria da dor, assim como não seria capaz de permanecer na fazenda por muito tempo. Comecei a imaginar para onde os animais deveriam ir se eu precisasse partir. Decidi que Rose, as jumentas e umas poucas ovelhas poderiam viver com Annie. Annie amava todos os animais e era louca por Rose — que não era dos cães mais cativantes, dada sua predileção por trabalho acima de quase tudo.

E as jumentas teriam biscoitos de maçã caseiros, semelhantes aos que ela trazia quando vinha nos visitar. Carinho e biscoitos são meio caminho andado no sentido de tornar um jumento feliz.

A adaptável Clem, decidi, poderia viver com Paula. As galinhas e Winston, se ele sobrevivesse, poderiam voltar para a amiga que os havia cedido a mim, e eu conhecia um fazendeiro que levaria a maior parte das ovelhas.

Eu duvidava que Paula conservasse Bedlam Farm ou que Emma quisesse estar lá por muito tempo, portanto tinha esperanças de que uma boa pessoa a comprasse.

Quando confiei tais planos a Paula, para que fossem executados "se alguma coisa acontecesse", ela ficou alarmada, então exasperada. Afirmou que eu estava melhorando e que a fisioterapia que eu começara provavelmente traria outras melhoras.

— Estou preocupada com você — disse ela. — Você está deprimido e inquietantemente mórbido. Está lutando com a perda de Orson, mas realmente não está conseguindo lidar com ela.

Todos me diziam isso — que eu estava deprimido e reprimido, bloqueando minhas emoções. Eu gostaria de saber como reagir de forma diferente, mas de fato não sabia.

Seja como for, eu *estava* me sentindo mórbido. Sentia que meu tempo neste mundo era cada vez mais curto. Continuava explicando às pessoas meus planos e desejos para quando houvesse partido.

— Pai — perguntou Emma certa noite —, por que você fala como se estivesse prestes a morrer?

Pouco depois de voltar do hospital para a fazenda, encontrei uma mensagem de Pam Leslie, a criadora que me vendera Clementine, na secretária eletrônica.

— Você está ligando para me vender Pearl? — perguntei quando retornei a chamada, uma brincadeira freqüente.

Pearl nunca estivera à venda.

— Só passando por cima do meu cadáver — Pam sempre retrucava.

Pearl era uma labradora amarela, bicampeã nacional, com os olhos mais profundos e tristes que eu já vira em um cachorro. Conquistara meu coração desde a primeira vez que a vira no canil de Pam. Eu a chamava de Dama de Olhos Tristes das Lowlands, conforme a música de Bob Dylan, e quando a visitava no canil, muitas vezes cantava para ela alguns versos da canção com voz adequadamente nasalada. Pearl adorava. Quando saía do canil, derretia-se em meus braços e me dava ternas lambidas no nariz.

Mas ela era uma pedra fundamental no sistema de procriação de Pam.

— Investi muito dinheiro nesta cadela — era a resposta habitual de Pam. Ela gastara milhares de dólares desenvolvendo a linhagem e esperava muitas ninhadas de pequenas Pearls.

Portanto, não me surpreendi quando Pam declarou:

— Esqueça. Pearl não vai a lugar nenhum.

Mas perguntou se eu estaria disposto a passar por lá para fazer uma visita. Possuía um labrador preto para o qual desejava encontrar um lar, a fim de que ele se socializasse, exercitasse e, de vez em quando, procriasse.

— Você e a fazenda seriam ótimos para ele — disse.

Pam desejava um arranjo conjunto, de forma que o cachorro tivesse um lar, mas não fosse castrado e permanecesse disponível para procriação.

Conseguir um cão, qualquer cão, com Pam não era simples. Ela possuía uma imensa paixão por labradores, assim como uma longa lista de cuidados e preocupações que diziam respeito ao local para onde seus cães iriam e como seriam alimentados. Compatibilizar cães e pessoas era a principal prioridade.

Pam não gostava particularmente de labradores vivendo com border *collies* (eles correm rápido demais); não se sentia segura quanto a fazendas (um risco de adquirir parasitas); não gostava que os cães recebessem treinamento de mais ou de menos, ou treinamento nenhum. Vomitava uma série de impedimentos e restrições. As pessoas que obtinham um de seus cães batalhavam por eles. Adquirir Clem me custou quase um ano de lisonjas e persuasão, e mais a espera.

Presumi que Pam não tomara conhecimento da morte de Orson. Eu não comentara muito a respeito e ela não a mencionou. Eu não estava procurando outro cão — a menos que fosse a meiga e afetuosa Pearl, e nunca conseguiria fazê-la mudar de idéia a respeito de Pearl.

Pam também sabia que eu não aprovava arranjos de posse conjunta, ou ter cães na fazenda que não fossem castrados. Eu gostava de ser dono de meus cães sem restrições e embora todo bom criador discorde, acho que cães não-esterilizados freqüentemente desencadeiam questões comportamentais com outros cães e são mais propensos a causar problemas. Mas quase sempre me sentia inclinado a viajar para ver Pam e seus lindos cães.

Assim, dirigi até Pawlet, Vermont. Pam e sua assistente, Heather Waite, estavam à minha espera. Reparei que Pearl achava-se em uma caixa na sala de espera, onde Pam recebia os potenciais compradores de cães — e os espremia até que se sentissem constrangidos.

— Srta. Pearl — exclamei. — Minha garota de olhos tristes.

Normalmente, Pearl ficava em seu alojamento nos fundos. Liberada da caixa, ela se aproximou devagar, pousou a cabeça em meu joelho, voltou aqueles olhos castanhos desconsolados em minha direção e enrodilhou-se aos meus pés. Desci com cuidado até o chão e a abracei.

Pearl era só doçura; adorava e desejava ser amada. Nós que gostamos de labradores entendemos que não importa o quanto eles pareçam profundos, quase nunca há muita coisa acontecendo por trás daqueles olhares comoventes (às vezes é de hambúrguer que eles gostam de verdade). Mas Pearl pareceu reconhecer minha dor e demonstrou empatia.

Eu tinha certeza de que ela estava esperando por mim, esperando para deixar para trás o mundo dos espetáculos caninos e da procriação e unir-se a uma família — a minha. Isso não aconteceria, não por muitos anos. Mas eu não podia censurar Pam. Pearl era o tipo de cão que *precisa* procriar; deveria haver outros animais tão lindos, tranqüilos e amorosos.

Como sempre, Pam, Heather e eu conversamos a respeito de cães — criação, treinamento, labradores — por cerca de meia hora. Então Pam afastou-se para pegar Stripe, o labrador preto que queria me mostrar.

Ele entrou roncando na sala de espera, um cão grande, acastanhado e forte, cheio de entusiasmo. Saltava de uma extremidade à outra da sala. Eu percebia o ótimo cão trabalhador que seria, o quanto gostaria de correr ao lado do ATV pelos bosques. Ele mal começaria a suar.

— Ele é magnífico — declarei enquanto Stripe nos farejava um por um. — Mas não sei se é o cão adequado para mim. — Eu gostava de cães mais ternos. De qualquer forma, não estava procurando um cão naquele momento.

Pam assentiu.

— Ele pode não ser adequado para você, mas é uma pena, pois você seria excelente para ele. — Pam, no entanto, nunca empurrava um cachorro para cima de ninguém. Quando não dava certo, tudo bem.

Então Pam levou Stripe embora. Heather, que também se tornara uma amiga, piscou para mim.

— Que tal nosso cão inválido? — ela perguntou baixinho a Pam. — O que acha de Pearl? — Pam desviou os olhos, como se não conseguisse suportar a idéia.

Cravei o olhar em Pam.

— Você me deixaria ficar com Pearl? De verdade? — Ela ainda jazia a meus pés, à espera de carinhos e cócegas.

Pearl, ao que se constatou, havia ferido uma das patas em um acidente no canil e sofrera três cirurgias dolorosas e complicadas para reparar a lesão. Então passara meses em uma caixa se recuperando, como o veterinário havia prescrito.

Seus movimentos eram restritos. Confinamento à caixa. Caminhar apenas na coleira. Nada de correr ou saltar. Ela precisava de muita reabilitação, desde massagem a escalada lenta, e havia boas chances de que precisasse de mais cirurgia.

A pobre Pearl passara um mau pedaço, sentira muita dor e desconforto. Tinha parafusos nos joelhos e fios de náilon substituíam seus ligamentos. Não era de admirar que estivesse andando devagar.

— Você pode ficar com Pearl — disse Pam.

Não houve discussão, o que significava que ela estava decidida. Eu sabia que aquele era um duro golpe. Pearl colecionara faixas, certificados, prêmios.

Pearl não era um cão do qual Pam abriria mão de boa vontade para ninguém. Mas Pam colocava os interesses de seus cães em primeiro lugar. Pearl já sofrera o bastante, disse Pam; ela não desejava que Pearl passasse pela tensão adicional de procriar ou tomar parte em exibições.

Orson estava morto havia pouco mais de seis semanas. Devido às minhas costas problemáticas, eu realmente não pensara se haveria um próximo cão — ou, se houvesse, de que raça. Na maior parte do tempo, andara pensando sobre para onde meus cães iriam quando eu desmaiasse de dor.

Mas não discuti a decisão de Pam ou lhe dei tempo para mudar de idéia. Eu adorava Pearl, sua expressão linda, seu maravilhoso temperamento. Poderíamos mancar juntos, reabilitar um ao outro. Em segundos, preenchi um cheque, então agarrei Pearl e teria saído correndo do canil se conseguisse correr.

Em geral, Pam ficava feliz por ver seus cães partirem para bons lares, mas eu podia perceber que abrir mão de Pearl era um golpe violento. Ela não conseguiu assistir.

Enquanto nos encaminhávamos para a porta, Pearl caminhando com entusiasmo a meu lado, Pam me chamou.

— Cuide bem dela. E lamento o que aconteceu com seu border collie.

Pearl enredou-se em minha vida mais discretamente do que qualquer outro animal o faria. Precisou de mais cirurgia, e ambos passamos por uma longa e dolorosa reabilitação. Sempre que ia ao veterinário, dirigia-se direto à sala de cirurgia, mesmo que só necessitasse de uma vacina anti-rábica.

Pearl ia a toda parte comigo, às compras, a sessões de leitura e palestras. Sempre que saíamos, ela encontrava algum chato e, em poucos segundos, estava deitada sobre o dorso recebendo cócegas na barriga. Possuía fãs e amigos por toda parte.

Minha vida com os cães havia sossegado, mesmo com aquele novo acréscimo.

Rose parecia mais calma após a morte de Orson. Passava mais tempo perto de mim no escritório, ou calmamente sentada no jardim, às vezes brincando com Clem, com mais freqüência de olho no rebanho. Aceitou Pearl sem rancor ou irritação.

E Pearl e Clem, que eram tia e sobrinha, apegaram-se no mesmo instante, mordendo uma à outra alegremente, brincando de cabo-de-guerra. Eu as chamava de Irmãs Carinhosas.

Quase todos que me conheciam, de motoristas do correio a jardineiros e amigos, haviam aprendido a se aproximar do portão do pátio com cuidado, um legado da agitação feroz de Orson. De repente, foi uma experiência distinta. Em vez de Orson, as Irmãs Carinhosas os aguardavam, bamboleando e agitando-se atrás de guloseimas e abraços. O centro de jardinagem local freqüentemente convidava a ambas para passar lá o dia, para sentar-se à entrada e saudar os clientes. Amigos como Annie e Nicole — duas das antigas namoradas de Orson — vinham para abraçar as meninas e ajudar com a reabilitação de Pearl. Funcionários da auto-estrada da cidade paravam para dar biscoitos às labradoras.

Pearl não conseguia correr muito naqueles primeiros meses — até mesmo se levantar depois de um cochilo exigia algum esforço —, então se enroscava ao meu lado enquanto eu trabalhava. Pearl tinha todos os motivos para ficar irritada e arredia, mas era carinhosa, complacente e tranqüila. No consultório da veterinária, chamavam-na de Pearl Perfeita.

Claro que eu tampouco podia circular muito. Às vezes, em nossos passeios, quando nos encontrávamos com Winston, que lentamente se recuperava, eu me admirava com a cena — os três mancando e cambaleando pela fazenda.

Pearl vivera em canil durante toda a sua vida; parecia apreciar fazer parte de uma família. Era tão pacífica que eu a levava a qualquer lugar; nenhum dos outros animais da fazenda se importava com sua presença. Ela me acompanhava ao celeiro para ver as galinhas, as ovelhas, as jumentas.

Clem ensinou-lhe o lado obscuro da vida do labrador: onde encontrar os maiores montes de saborosas fezes de jumento, como rolar em carcaças podres de animais ou — melhor ainda — arrastá-las para dentro de casa.

Pearl adorava pastorear com Rose e comigo. Enquanto Rose deslocava as ovelhas, Pearl sentava-se ao meu lado, a cabeça girando à medida que Rose corria para cima e para baixo no pasto. Parecia perplexa acerca de por que qualquer cachorro correria dessa forma. Preferia gastar o tempo de pastoreio apoiada em minha perna, à espera de um afago na barriga, então voltar para casa para dormir a sesta.

Pearl possuía enorme presença e dignidade, a atitude e concentração de um cão de exibição experiente. Em geral, deixava as corridas penosas e o trabalho de rosnar para os outros cães.

Pearl era tão diferente de Orson quanto um cão pode ser. Sua absoluta simplicidade era terapêutica. Desejava apenas amar e ser amada, e não possuía nenhuma outra pauta além dessa. Não necessitava virtualmente de nenhum treinamento, não causava problemas, não exigia mais atenção do que eu estava disposto a dar. Queria estar comigo e eu a favorecia.

Quando eu trabalhava, ela se deitava à minha direita. Com a aproximação do inverno, acomodava-se o mais perto possível do fogão a lenha. Havia parafusos de titânio e outros componentes metálicos em sua pata; eles provavelmente esfriavam no inverno.

Pareceu-me, desde o princípio, que ela sempre vivera comigo. Não acredito que os cães nos escolham, como às vezes ouvimos donos envaidecidos declararem. Mas acho que cães e outros animais entram em nossas vidas por alguma razão e, em certos casos, se estivermos atentos, podemos descobrir com que finalidade.

Orson alterou radicalmente minha vida: chegou em uma época importante e provocou — decerto sem estar consciente no processo — uma série de ações e reações que me fizeram mudar quase tudo no que diz respeito à forma como eu vivia, trabalhava e pensava.

Tenho certeza de que Pearl era uma cadela ávida por deixar para trás sua bem-sucedida porém temporária vida de cão de exibição e procriação e encontrar alguém a quem se ligar. Que esse alguém também estivesse dilacerado pela dor, incapacitado e tristemente carente foi provavelmente acidental. Era esse seu trabalho. Ao contrário de Orson, Pearl não era nem controladora, nem territorial, nem imprevisível. Enquanto o espírito de Orson era violentamente protetor e instintivo, o dela era inesgotavelmente tranqüilizador e suave. Afeição era o seu objetivo.

Era impossível olhar para aquela cadela e não deixar de sorrir, e entre a morte de Orson e meus problemas físicos, eu pouco sorrira por certo tempo.

Eu não sabia, quando Orson chegou, o quanto precisava dele, mas sabia que precisava de Pearl. Quando me sentia abatido ou triste, sentava-me no chão e ela se aproximava mancando e apoiava a cabeça em meu ombro, lambia-me uma ou duas vezes no queixo, então desabava para receber cócegas na barriga.

Sua própria reabilitação prosseguiu, dolorosa e lentamente. Aprendi a lhe massagear as patas e administrar medicamentos, e consultávamos a mesma veterinária holística de Vermont, que tanto fizera para acalmar Orson, para sessões de acupuntura e quiroprática. As semanas se passaram, Pearl tornou-se cada vez mais forte, mais flexível, mais ativa. Começou a caçar gravetos.

Na verdade, comecei a levar Pearl a minhas próprias sessões de fisioterapia. Quando entrava no pequeno prédio, ela dirigia-se aos pacientes, descansando a cabeça ao lado deles. Se a ignoravam, seguia adiante.

Um rapaz de 16 anos sofrera terríveis lesões no joelho em um acidente e sua reabilitação — que consistia em pedalar arduamente uma bicicleta estacionária — era dolorosa até mesmo de assistir. Pearl de imediato concentrou nele sua atenção; eu adorava vê-lo sorrir quando ela se aproximava. Uma idosa que tentava controlar uma artrite avançada sempre se demorava mimando Pearl enquanto eu realizava meus próprios exercícios. Logo, os pacientes estavam telefonando para saber quando eu a levaria. Os terapeutas deixaram claro que eu não deveria aparecer sem ela.

Pearl e eu mancamos juntos inverno adentro. E devagar as coisas começaram a melhorar. Anthony comprou uma casa no topo de uma encosta, deu início a um drástico planejamento para reconstruí-la e permitia que eu dirigisse uma empilhadeira de vez em quando. (Esburaquei apenas uma parede.)

Winston sobreviveu, graças a Annie, que construiu para ele um poleiro baixo e o equipou com uma lâmpada de calor para as noites mais frias. Seu cacarejo estava acentuadamente mais fraco, mas era maravilhoso ouvi-lo.

Minhas costas melhoraram. Pearl e eu fazíamos fisioterapia duas vezes por semana, e os exercícios, o calor e as massagens começaram a realizar sua mágica. Quando a neve chegou, eu estava andando melhor do que dois anos antes. Ainda enfrentava limitações. Mas havia intervalos do dia em que não sentia dor, e isso tornou a vida melhor. Para alívio de minha família, eu dava menos instruções quanto ao destino dos animais depois de minha morte.

Clem, percebendo a oportunidade, começou a dormir aos pés de minha cama — ao menos até que eu adormecesse, então tendia a agarrar meu travesseiro e se estirar voluptuosamente. Brigávamos por cobertores e por espaço, mas eu adorava acordar com suas lambidas em meu rosto. Eu visitava a sepultura de Orson quase todos os dias, por vezes subindo de ATV, por vezes escalando o pasto, agora que conseguia fazê-lo. Eu dizia alô, contava resumidamente o que estava acontecendo. Era um belo local, com uma vista excelente.

Em uma fazenda, o miraculoso ciclo de vida e morte, perda e renovação, arrasta-nos junto, mesmo que não estejamos dispostos. O mesmo, claro, fazem os cães.

O modo de vida de meus cães mudara drasticamente. Se eu não mais possuía um cão capaz de mudar minha vida, tampouco possuía um que atravessasse janelas de vidro, assustasse ou machucasse alguém. Havia menos tensão em Bedlam, menos gritos e castigo, menos ansiedade e vigilância.

Meus outros cães podiam não substituir Orson, não preencher o vazio que ele deixou, ainda que, de forma curiosa, sua partida tenha me proporcionado a vida com cães com a qual sempre sonhara. É preciso ter cuidado com o que se deseja.

De qualquer forma, em uma fazenda não há estagnação. Nada continua o mesmo por três dias seguidos. Notei o primeiro rato no outono, um ser imenso e gordo, andando descaradamente bem ao lado da porta do celeiro. Quando gritei, ele não se moveu. Atirei uma pedra, ele continuou sem se mexer.

Logo espalhei a notícia no telefone-sem-fio campestre. Em West Hebron, as novidades eram transmitidas via Bedlam Corners Variety Store. Sem demora, recebi a ligação de um fazendeiro que possuía um gato do qual queria se desfazer.

Nunca senti muita atração por gatos, e mesmo que sentisse, não era o caso de Orson. Eles me pareciam astutos e distantes. Eu realmente não entendia o fato de se ter um animal com o qual não era possível pastorear ovelhas ou dar um passeio. De que serviam os gatos?

Mas os ratos estavam invadindo, e eram tão grandes que logo confundi um deles com um coelho. Os fazendeiros informaram-me que não havia muito mais a fazer: os ratos, naturalmente atraídos para as fazendas, eram espertos, resistentes e difíceis de exterminar. Havia incontáveis orifícios em muros de pedra e silos deteriorados onde podiam se alojar. Eles descobriam as armadilhas. E eu não podia espalhar veneno em um pátio repleto de cães, ovelhas, jumentas e galinhas.

O fazendeiro que telefonara estava prestes a exterminar seu próprio pelotão de ratos e tinha em mente uma gata para mim, pois ela era acostumada com cães. Jovem, esguia e malhada (os apreciadores de gato a chamariam de casco de tartaruga), recebera seu nome — Mother — pelo costume de cuidar de gatinhos, fossem seus ou não.

No norte do estado, gatos de celeiro são figuras míticas. Esquivos e solitários, rondam celeiros e pastos, dormem em palheiros, declaram guerra a roedores e cobras.

Morrem muitas vezes — freqüentemente de forma brutal — por doença, negligência ou maus-tratos; por envenenamento, atacados por cachorros de rua ou predadores como raposas e coiotes; pela prática de tiro ao alvo realizada por crianças ou caçadores. São atingidos por automóveis ou, nos casos piores, definham por falta de alimentação ou abrigo. Quando a população aumenta demasiadamente (poucos são castrados), muitas vezes são mortos a tiros. Os fazendeiros mais generosos colocam lâmpadas de calor nos celeiros ou deixam seus gatos dentro de porões e lavanderias em noites com temperatura abaixo de zero.

Não é o caso da maioria.

Eu precisava de um gato?

Rose tocava a fazenda e também não gostava de gatos, embora fosse menos inflexível do que Orson. Mas a população de ratos florescia. Então, com muitas dúvidas, concordei em ficar com Mother, e meu vizinho a trouxe de carro em uma caixa de papelão. Tive a nítida impressão de que se eu não a houvesse pegado ela não iria para um abrigo.

Mother era surpreendentemente amistosa. Afeiçoou-se a mim de imediato. Adorava ser acariciada e coçada, ronronava quando me via e enroscava-se em minhas pernas. Estava sempre faminta e parecia assombrada com as latas de comida para gato que eu deixava no celeiro. Também se mostrou eficiente, localizando os ratos no instante em que chegou.

Levei-a ao veterinário, castrei-a e vacinei-a, então lhe pus uma coleira, para que estranhos soubessem que não se tratava de um animal de rua.

Rose não foi hospitaleira. No minuto em que Mother voltou do veterinário e entrou no pátio anexo ao celeiro, Rose rosnou da encosta do pasto para afugentar aquela intrusa sem graça.

Foi um dos raros erros de julgamento da parte de Rose. A gata sentou-se perfeitamente imóvel, até que a border collie agressora estivesse a cerca de dez centímetros de distância, então se virou calmamente e arranhou o nariz da cadela com um golpe certeiro da pata. Rose, ao contrário de Orson, não cometia o mesmo erro duas vezes. A partir de então, mesmo quando Mother estava bem na sua frente, Rose fingia não notar.

Mother logo inspecionou o celeiro e o pátio pegado a ele, esfregando-se de um lado a outro do portão, provocando os cães, empertigando o traseiro, quase desafiando quem quer que fosse a começar alguma coisa. Ninguém o fez.

Desde o primeiro dia de Mother, as carcaças de roedores começaram a se acumular. Ela deixou a primeira bem ao lado da porta dos fundos; era enorme. Seguiram-se oferendas diárias. Isso causou pequenos problemas de escolta quando Clem e Pearl, abanando a cauda com satisfação, começaram a levar os cadáveres para dentro de casa. Mas a população de pragas diminuiu vertiginosamente. Fiquei impressionado; a gata cumpria o prometido.

Cumprimentar Mother logo se tornou parte de minha rotina matinal. Eu deixava uma tigela de ração seca em uma cocheira vazia, mas também levava para ela um prato de comida de gato enlatada todos os dias. Mother estava sempre esperando por mim, ronronando, miando, rondando. Providenciei uma vasilha com um dispositivo degelador para que ela sempre tivesse água, mesmo nas noites de frio intenso. E levava guloseimas ocasionais, sobras de refeições ou uma xícara de leite quente. Da mesma forma que com cães e jumentos, a comida contribuiu, até certo ponto, para que estabelecêssemos um bom relacionamento.

Mother parecia bastante satisfeita no celeiro. À diferença dos cães, não precisava ou não tinha interesse em participar de minha vida. Ainda assim, tínhamos um verdadeiro entendimento e grande afeição mútua.

À medida que o inverno se aproximava, comecei a me preocupar com o frio — sempre ouvira dizer que gatos detestam frio —, embora Mother estivesse engordando e cultivando uma pelagem mais compacta. Com a ajuda de um amigo, fiz para ela uma espécie de iglu no andar de cima do celeiro, uma construção aconchegante composta de fardos de feno, com um cobertor macio por baixo.

Quando a temperatura caía, eu por vezes me perguntava se deveria deixar Mother entrar em casa. Todos os cães que já possuí teriam entrado alegremente. Mas Mother não parecia se importar. Estava feliz em seu espaço e feliz por me deixar no meu. Aceitava de bom grado presentes ocasionais, mas não precisava de minha compaixão.

De vez em quando desaparecia por um ou dois dias, e eu partia para o celeiro chamando ansiosamente seu nome. Compreendi que não se pode tirar proveito de dois mundos. Um gato de celeiro na realidade não é um animal de estimação. Seguindo a tradição, Mother por fim reaparecia, e ninguém sabia onde estivera ou por quê.

Mas os ratos — ao menos os vivos — sumiram.

Ocasionalmente, quando eu levava o lixo para fora ou deixava para trás os cães para dar um passeio sob a lua cheia, Mother surgia ao meu lado e me acompanhava.

— Ei, Mother — eu dizia.

Ela raramente me olhava nos olhos, mas caminhava comigo, a cauda levantada, os olhos varrendo a escuridão. Sentia-me feliz por sua companhia.

Ao que parecia, havia vida após a morte. Pearl era um cão diferente de Orson, e Mother, um tipo de animal inteiramente distinto.

Elas me estimularam; Pearl com seu afeto inesgotável, Mother pela novidade, um novo tipo de ligação com o mundo animal.

Em retrospecto, a natureza animal de ambas marcou o fim daquela época sombria. Elas trouxeram seu próprio tipo de conforto. Se não podiam substituir Orson, mostraram-me que Orson não era o único animal que conseguia me arrancar de dentro de mim mesmo.

Por volta dessa época, recebi uma mensagem de Lesley, a xamã, na secretária eletrônica. Ela desejava conversar comigo.

Rose, Clem e Pearl (a partir do alto).

Capítulo treze

Um lar para o cão estrela

Reza o senso comum que, quanto mais velhas ficam as pessoas, mais perspicazes se tornam. Não é essa minha experiência. Quanto mais velho fico, menos sei, menos segurança tenho, mais percebo o quanto desconhecemos e o quanto nunca chegaremos a entender.

Meu amigo Anthony, jovem e cheio de energia, sente-se atraído por projetos detalhados; acha que, se forem bons — os dele muitas vezes são —, darão certo.

Estou convencido de que a maioria dos projetos estão condenados, são idéias arrogantes esperando apenas para se desenredar. Orson é o clássico exemplo, resultado de um projeto que fracassou uma vez após a outra.

Ainda assim, os bons serviços que prestou em meu benefício transcendem a morte. Levei algum tempo para enxergar isso, mas sei que ele estará sempre cuidando de mim, de um jeito ou de outro, estando ou não comigo.

Orson revitalizou meu trabalho. Reconectou-me com a natureza, atraiu-me à fazenda, iniciou-me no prazer do contato com outros animais, conduziu-me a amigos verdadeiros, abriu minha consciência, aprofundou minha espiritualidade e minha percepção das oportunidades. Há três anos, as chances de que eu estivesse tagarelando no telefone com uma xamã seriam menores do que as de jogar no campeonato nacional de futebol.

Eu tampouco compreenderia a noção do espírito de um animal me guiando e ajudando, coisa que hoje percebo e sinto quase diariamente.

Orson ajudou-me, eu já bem entrado em minha sexta década de vida, a permanecer aberto, a não me fechar. Em muitos sentidos, este pode vir a se tornar seu maior presente.

Não sou nem desejo ser um xamã; não tenho tais características especiais. Mas adoro as histórias que pessoas como Lesley trazem de outro mundo. Não sei dizer se são histórias verdadeiras. Não meço cada palavra de Lesley de acordo com fatos literais; fazê-lo seria não compreender o mais importante: cegar-me para a possibilidade de uma verdade maior. A realidade não tem a ver com a forma como Lesley descobre alguma coisa e quando a descobre, tem a ver com sua capacidade de perceber o que um animal pode sentir ou saber, e traduzir isso para pessoas como eu.

Não mais duvido que haja pessoas com dons que não possuo, que saibam coisas que não sei. Lesley é uma delas. Após a morte de Orson, Lesley empreendeu inúmeras "jornadas" com Orson; algumas a meu pedido, outras espontaneamente.

O que ela descobriu e experimentou foi impressionante. Mais do que qualquer outra coisa, achei seus relatos profundamente curativos.

Aprendi cedo na vida que é perigoso demonstrar emoção, portanto em geral não o faço; talvez nunca faça. Lesley entendeu que isso não significava que eu não conseguia sentir. Viu minhas partes rompidas, assim como viu as partes rompidas de Orson. Viu o que significávamos um para o outro, como essas partes rompidas se ajustavam como peças de um quebra-cabeças. Ela ajudou-me a aceitar o que havia acontecido quando não consegui fazer isso sozinho.

Lesley visitara a fazenda; conhecera Orson. Sabia que ele tinha problemas; sabia que ele atacara e mordera várias pessoas. Quando nos conhecemos, ela não lera nenhum de meus livros; não havíamos conversado muito a respeito de minha vida ou de meu passado. Ainda assim, em pouco tempo, veio a me conhecer bem, a entender minhas preocupações e escolhas. Eu confiava nela, algo que não me acontece facilmente.

Lesley chamava a si mesma de xamã, mas eu pensava nela como uma intuitiva. Ela compreendia o espírito e os sentimentos dos animais — e de pessoas — melhor do que qualquer um que eu já conhecera.

Nos dias que antecederam a morte de Orson, eu não havia conversado com quase ninguém além de Paula e Anthony sobre o que estava pensando, o que havia decidido fazer. Mesmo assim, Lesley captou a decisão.

Vou passar adiante o que ela me contou. Este é um relato fiel da história, mas não posso dizer se é ou não verdadeira. Vocês terão de decidir por si mesmos e tirar as conclusões que desejarem.

Lesley tivera um encontro bem-sucedido com Orson em uma jornada, disse ela quando liguei. Quando recebia mensagens de animais, explicou, em geral os via sentados à beira de um lago; se quisessem se comunicar com ela, eles lhe mostravam imagens que gostariam que ela visse. Por vezes preferiam não fazer isso.

— Tive uma conversa estranha com Orson — disse ela. — A mensagem que recebi era a de que ele estava aliviado, que estava feliz e liberto.

— Liberto de quê? — perguntei, pego de surpresa.

— De ser Orson — respondeu. — Mas ele está preocupado com você. Foi estranho, realmente não sei o que concluir disso. Ele queria me dizer que ainda está cuidando de você, tomando conta de você. Não sei o que isso significa.

Contei-lhe que Orson estava morto e o porquê. E pedi-lhe que viajasse para vê-lo novamente.

Lesley veio à fazenda poucas semanas mais tarde, e sentamo-nos na sala de estar, aquecendo-nos à chama do fogão a lenha, com canecas de chá quente.

Meus velhos celeiros assomavam através das altas janelas em sua beleza avermelhada, decadente. O sol perdia a força, desaparecendo atrás da encosta. Rose nunca ficava por perto quando eu tinha companhia, mas dessa vez se deitou aos pés de Lesley, imóvel. Normalmente inquieta e atarefada, comportava-se como se desejasse ouvir cada palavra. Clem cochilava próxima, Pearl apoiava-se na perna de Lesley, recebendo carícias no pescoço.

Lesley contou que encontrara Orson outra vez. A princípio ele estava sentado perto do lago, mas estava esperando por ela, ansioso por mostrar outro local: uma floresta escura no alto da encosta, perto da casa da fazenda. Estava escuro, depois claro; densas alamedas de árvores, então claridade. Reconheci nessa descrição os bosques que Orson e eu freqüentemente cruzávamos no ATV para receber Sírius, a Estrela do Cão.

Esse, explicou Lesley, era o novo lar de Orson, onde vivia seu espírito. Ele continuava poderosamente ligado a mim, disse ela, mas sabia que era hora de partir e estava preparado. Estava ficando para trás para honrar os termos de nosso acordo, para cumprir suas obrigações, assim como acreditava que eu tentara cumprir as minhas.

Aquilo era espantoso. Lesley não sabia de nossos passeios para ver a Estrela do Cão, e eu certamente não usara a palavra "acordo" para descrever o entendimento que achava que eu e Orson partilhávamos.

— Por que Orson estava ficando para trás? — perguntei.

Para me ajudar a terminar meu projeto, meu novo livro.

Ainda mais perturbador. Lesley não sabia que eu estava tentando escrever sobre minha vida com Orson. Contei-lhe a respeito, mencionei o que aprendera acerca da Estrela do Cão e dos dias de cão.

Orson, disse ela, não ficava perto do local de seu túmulo, e agora ela entendia a razão. Seu lar era lá em cima na floresta, sob a Estrela do Cão.

Fiquei extraordinariamente feliz ao pensar que seu espírito ainda poderia estar pairando nas proximidades.

— Ele ficará na fazenda para sempre? — perguntei.

— Não. Apenas até eu terminar o livro — disse ela, explicando que então seguiria adiante. Eu sempre poderia me conectar com ele na floresta, mas ele deixaria a fazenda, me deixaria.

— Alguma vez ele se aproximava?

— Sim — disse Lesley. — Sempre que eu estava escrevendo, ele estava junto de mim, descansando a cabeça sobre meu pé direito.

As batidas de meu coração se aceleraram. Nas últimas semanas, muitas vezes sentira uma pressão sobre meu pé direito quando estava trabalhando; aliás, eu ficava pedindo a Pearl e Clem para saírem, até que olhava para baixo e via que elas não estavam ali. Imaginei que pudesse ser um sintoma neurológico. Não era particularmente doloroso, apenas uma sensação de peso. Paula achava que eu deveria mencionar o fato ao cirurgião da coluna na próxima vez que fosse vê-lo em Nova York.

Conversamos durante algum tempo a respeito de Orson, a respeito dessa revelação que não fazia sentido e, ao mesmo tempo, era repleta de sentido. Lesley disse que Orson estava "estressado, exausto, esgotado" pela pressão e estimulação de sua vida conturbada no mundo humano. Às vezes, seu cérebro tornava-se sobrecarregado; sua cabeça quase queimava, pois estava abarrotada de imagens, sons, fracassos e responsabilidades.

Mas quando o vira, disse ela, ele estava em paz.

Fiquei impressionado com a atmosfera no aposento. Uns poucos amigos me haviam feito uma visita — Anthony e duas das namoradas de Orson, Nicole e Annie — e eu os convidara a juntar-se a nós. Normalmente prezo minha privacidade, mas essas pessoas haviam partilhado minha vida e a de Orson e era natural que estivessem ali e ouvissem o que Lesley descobrira.

Muito mais que eu, eles instintivamente aceitavam a opinião de uma xamã, não duvidavam ou mantinham-se distantes. Não havia nenhuma tensão no aposento, nenhuma hostilidade, raiva ou arrependimento. Foi uma reunião tranqüila. Anthony, que saiu para trabalhar, disse que sentiu o mesmo. Na vida de ambos, nem sempre as reuniões eram tranqüilas. Mas havia uma grande confiança no aposento, completa segurança.

Ainda assim, a tristeza me consumiu. Percebi naquele instante que os seres humanos — nossas exigências e expectativas, incluindo certamente as minhas próprias — haviam enfraquecido aquela criatura o tempo todo. E por fim o haviam matado, embora ele houvesse prestado mais serviços às pessoas do que qualquer outro cão.

Quando Lesley contou sobre Orson, ainda presente na floresta, deitado sobre meu pé direito enquanto eu trabalhava, cumprindo seu acordo comigo e pronto para seguir adiante, vi que Nicole e Annie estavam chorando. Senti-me egoísta. Eu esquecera quantas outras pessoas amavam aquele cão.

No entanto, eu não estava chorando. A morte de Orson me parecia terrivelmente triste, mas não a história de Lesley. Orson sentia-se aliviado, livre, em paz. Além disso, ainda estava cuidando de mim, por um pouco mais de tempo ao menos.

O que acontecera para fazê-lo se comportar de forma tão atípica?, perguntei a ela. Por que ele havia atacado aquelas pessoas?

Lesley não tinha certeza. Talvez os problemas dos últimos tempos me houvessem dado motivos para abandoná-lo, a forma que encontrou de poder partir. Não era um plano consciente ou deliberado, disse ela, ou uma idéia que ele conseguisse colocar em palavras. Nossa ligação era poderosa, ela declarou, intemporal. Mas os animais freqüentemente encontram um jeito de fazer com que as pessoas desistam deles quando é hora. Ele simplesmente agüentara o bastante.

A notícia dessa reunião se espalhou pelo pequeno vilarejo e previ sobrancelhas erguidas e atitudes contrárias, do tipo que eu mesmo manifestaria alguns meses antes. A novidade, entretanto, não gerou zombarias, mas grande interesse. Eu tinha a impressão de que a cada dois dias mulheres — e alguns homens — entregavam fotos de cachorros, gatos, bodes, cavalos, com os quais esperavam que Lesley conseguisse se comunicar. Coloquei um vaso perto da porta da frente para juntar a crescente pilha de envelopes.

Comecei a achar perfeitamente normal — como dirigir para pegar o jornal ou comprar comestíveis — recolher essas fotos, escrever nomes e perguntas no verso e enviá-las a uma amistosa veterinária em Vermont, onde Lesley as receberia, leria e então, quando pudesse, encontraria essa série de criaturas.

Tínhamos uma rede de comunicações xamânicas regular em andamento, com todos os tipos de animais conversando e transmitindo mensagens. Todos acompanhávamos as perguntas uns dos outros, esperávamos pelas respostas da xamã, discutíamos os significados. De fato, foi incrível.

Era fascinante pensar que Orson descansava sobre meu pé, que se sentia livre e feliz. Visualizar sua presença sob a Estrela do Cão deu-me muita alegria.

Até mesmo meu velho e irritadiço vizinho Carr, um fazendeiro que sempre zombava de mim por causa do dinheiro que eu gastava com cuidados veterinários — o preço que pago por meus cães de raça — e por sequer admitir que uma xamã pusesse os pés em minha propriedade, tomou conhecimento de nossos comunicados xamânicos e me fez uma visita com uma foto de sua velha pastora alemã Betsy, uma cadela de fazenda que ele adorava, veterana, repleta de cicatrizes da batalha.

Em geral cheio de opiniões e sugestões bem-intencionadas de como eu deveria administrar a fazenda, Carr estava silencioso naquela manhã.

— O veterinário diz que ela tem um tumor ou algo do gênero — contou-me, os olhos voltados para o chão. Betsy sempre o acompanhara a toda parte. — Detesto pedir isto, e eu não o censuraria se me mandasse para o inferno, mas talvez você pudesse enviar esta foto para aquela sua amiga. Talvez ela possa me informar como Betsy está realmente se sentindo, para que eu possa tomar a decisão acertada.

Assenti e dei-lhe palmadinhas nas costas. Ninguém possui uma forma de ver os animais mais problemática ou amorosa do que um fazendeiro. Disse-lhe que tinha certeza de que Lesley faria o melhor possível e ligaria para ele. Carr nunca mais mencionou esse encontro, mas algumas semanas mais tarde levou Betsy ao veterinário e sacrificou-a.

Ocorreu-me, à medida que escrevia este capítulo de encerramento, que se a percepção de Lesley do espírito de Orson estivesse correta, ele tencionava me deixar e a Bedlam Farm assim que eu houvesse terminado. Aquilo me fez parar. Eu provavelmente deveria ter pensado nisso antes, mas não o fiz. A última palavra do último capítulo seria nosso adeus final.

Tive medo.

Eu enfiara o ATV em um dos celeiros para passar o inverno — uma espessa camada de neve e gelo cobria o solo — mas quando puxei a coberta de plástico e girei a chave, ele funcionou de imediato.

Cobri-me de cachecóis, capuz e grossas luvas e subi a encosta. O ATV rasgou a neve com facilidade, então cruzei o pasto, até o topo da encosta, e entrei na floresta.

Essa parte do caminho foi mais dura, e o ATV avançou com dificuldade. Havia muita neve para que eu me arriscasse a chegar ao outro lado da trilha, assim desliguei a máquina e continuei em meio às árvores a pé. Desejei ter levado Rose ou Clem. Eu não pensara em levar telefone celular. Mas não me senti sozinho.

Caminhei cerca de cem metros dentro da floresta e encontrei, despontando na neve, a rocha onde eu e Orson sentávamos naquelas manhãs enevoadas dos dias de cão. Ali em cima não tive problemas para demonstrar minhas emoções.

Fazia um frio glacial e o Sol estava descendo rápido. Eu não podia ficar muito tempo.

Então era esse o final de nossa jornada juntos, nossa história de amizade e devoção.

"Você me deu tanto", pensei, "e dei a você tão pouco em troca. Em certo sentido, não é essa a história dos seres humanos e dos cães?"

Apesar de tudo, essa deveria, por direito, ser uma história feliz, não triste. A dele era uma vida a ser exaltada. Orson era um excelente cão; servira-me bem. Eu também havia feito o melhor que podia por ele. O fato de não ter sido o bastante é o estofo da própria vida. Podemos apenas tentar. Temos certeza de muito pouco.

Fechei os olhos e tentei viajar até Orson, como Lesley havia feito. Tentei imaginá-lo descansando perto do lago, tentei sentir seu espírito. Nada. Não possuo este dom.

Mas possuo outros. Sou escritor; posso contar histórias. Se eu não conseguia ver Orson, receber mensagens dele, então podia imaginá-lo. Se não conseguia chamá-lo, podia construí-lo; era esse o *meu* poder, meu próprio dom. Venho fazendo isso toda a minha vida.

Portanto, uma vez que o encontro final com meu cão não ocorreu magicamente, inventei um, uma maneira de estar com ele um pouco mais.

Minha história, a que inventei:

A floresta estava linda, resplandecente e iluminada pelo Sol. Ouço um ruído, passadas leves aproximam-se na neve.

Orson surge das sombras e caminha direto para a rocha. Está ainda mais belo do que me lembro, tão régio e orgulhoso, as orelhas levantadas, os olhos bem abertos.

Não se lança sobre mim, nem me cobre de lambidas ou pula em meu colo. Simplesmente se aproxima, à vontade consigo mesmo, finalmente capaz, imagino, de se libertar de comandos e exigências, de fazer o que deseja, não o que as pessoas gritam que faça. Está livre para ser a criatura pujante, afetuosa, inteligente e instintiva que nasceu para ser.

Embora eu perceba que ele está muito feliz em me ver, não fica girando ou me chamando com a pata pedindo carinho. Aquela característica frenética, excitada, desapareceu; ele está calmo, diferente.

Acaricio seu pêlo lustroso e após um momento ele me toca com o focinho, apóia a cabeça em meu peito.

— Belo local, o seu novo lar — declaro.

Sentamo-nos juntos por alguns minutos. Ele está disponível se eu quiser encontrá-lo, virá se eu precisar dele. Orson vai partir, mas não me abandonará no sentido em que temo. Nada disso é falado, apenas entendido, e uma vez que compreendo isso, está acabado.

Não sei se existe um mundo espiritual ou se Orson o habita. Espero que sim, pois, para ele, parece um mundo melhor do que o nosso. Mas mesmo em minha própria história, não consigo descobrir.

Contudo, por ser esta minha história, abraço-o uma última vez. Lesley está certa: nossa proximidade está além das palavras, além da consciência, é indestrutível.

Cruzei a floresta até o ATV, desci a trilha devagar, atravessei o pasto, passei pela sepultura de Orson e voltei para casa.

As Irmãs Carinhosas foram as primeiras a se aproximar saltando, caudas abanando, excitadas por me ver. Rose veio em seguida, animada, e lambeu minha mão.

Está tudo bem, ela parecia estar dizendo. Não somos Orson, mas estamos aqui e também o amamos. Ou talvez isso fosse apenas o que eu esperava que ela estivesse sentindo.

Eu parecia ter-me ausentado por longo tempo. Resvalei para o chão, abracei todos os meus cães, então me levantei, removi os pêlos da roupa, retirei as botas. Preparei uma xícara de chá e voltei ao escritório.

Estava quase escuro então. As ovelhas iniciavam sua longa expedição noturna ao topo da encosta, onde se juntariam e passariam a noite. As jumentas estavam no celeiro; para minha consternação, haviam adquirido o hábito de roer a escada de madeira que levava ao palheiro. Winston conduzia as galinhas para o celeiro, para seu posto. Avistei Mother espreitando para fora na porta do celeiro, prestes a iniciar suas patrulhas noturnas sanguinárias.

Avivei o fogo no fogão a lenha e liguei o computador. Clem se acomodara sobre o sofá com seu faisão de pelúcia favorito, que logo estaria em pedaços. Pearl deitou-se ao meu lado e Rose lançou-se para dentro da caixa, perto de minha escrivaninha.

Não sei se imaginei, se ainda estava meio envolvido em minha história, mas senti uma pontada, uma pressão sobre meu pé direito. Pode ter sido qualquer dos cães. Pode ter sido minha coluna decomposta. Pode não ter sido nada. Não olhei.

Então era isso, a última curva na vida de um excelente cão.

Adeus, amigo, e volte para casa em segurança.

Pearl.

Mother.

Posfácio

Possuir e amar um cão é uma experiência muito pessoal. A história de Orson era complexa, seus problemas de comportamento provavelmente derivados de múltiplas fontes.

Alguns fatores — ninhada, treinamento e socialização precoce — antecederam seu ingresso em minha família. O ambiente que proporcionei, minhas próprias tentativas de treinamento, minha personalidade também podem ter influenciado.

Minha escolha para Orson era apenas esta: minha escolha para o meu cão. As pessoas que amam animais possuem fortes opiniões sobre tais questões; alguns provavelmente condenarão minha decisão.

Acredito que esse tipo de escolha seja muito pessoal; simplesmente não existem regras universais. Quando tudo está dito e feito, cada um de nós está sozinho.

Se seu cão apresenta problemas de comportamento, tais como excitação ou agressão, consulte um veterinário, treinador ou treinador behaviorista. Muitos cães podem ser novamente treinados, reorientados ou realocados com sucesso. Adotei uma opção pessoal; há outras.

Contudo, lembre-se também de que milhões de americanos — muitos deles crianças — são mordidos por cães todos os anos, alguns de forma muito grave. Esta é uma questão moral relacionada a pessoas e cães que, infelizmente, muitos de nós que amamos cães podemos ter de enfrentar.

Clem.

Agradecimentos

Agradeço a meu editor, Bruce Tracy, por insistir no fato de que eu precisava contar a história de Orson, e por me orientar com tanto cuidado e compaixão ao longo do texto.

Agradeço a Richard Abate por lutar muito por mim. Agradeço a Dennis Ambrose e Ed Cohen pela cuidadosa preparação e revisão de meu trabalho.

Realmente não sei como agradecer de forma adequada aos suspeitos habituais: minha mulher, Paula Span, que resistiu ao que começou a chamar de "o trem desenfreado que é Katz", e minha filha, Emma Span, por seu amor, humor, decência e sua cabeça incrível.

Agradeço a Anthony Armstrong por me conceder a dádiva da verdadeira amizade, já na meia-idade, quando eu havia começado a perder as esperanças de encontrá-la, e por seu trabalho árduo e seu talento artístico na restauração de Bedlam Farm. Sua mulher, Holly Beth, e sua filha, Ida Jane, proporcionaram-me amor, apoio e bons momentos.

Agradeço a Peter Hanks por sua visão fotográfica, que reavivou meu trabalho, e por me vender Elvis, meu touro suíço castanho. Obrigado também a Jane, Robin e Dean Hanks por seu apoio e incentivo desde que cheguei ao campo.

Sou grato pela amizade de Becky MacLachlan; Meg, Rob, Hunter e Elizabeth Southerland; e Bill e Maria Heinrich. Sou grato a Jesse e Ralph Corey.

A vida em Bedlam Farm não seria possível sem minha amiga e auxiliar Annie DiLeo, a Dama das Cabras de Cossayuna.

Tenho sorte por contar com a amizade e sabedoria de Lesley Nase, que abriu meu coração e minha mente ao mundo espiritual dos animais.

Obrigado também a Stanley Mickiewicz, amigo e proprietário da Bedlam Wood Restoration; a Ginny Tremblay, por me mostrar pela primeira vez Bedlam Farm e por ser tão boa amiga; a Alice e Harvey Hahn, por me ajudarem a cuidar desta enorme e velha casa de fazenda; a Pat Freund, por me iniciar no maravilhoso mundo dos jumentos; a Nancy Higby e suas Divas da Terra por restaurarem os jardins de Bedlam Farm. Duas grandes criadoras de cães, Deanna Veselka, da Wildblue Border Collies, Pam Leslie e Heather Waite, da Hillside Labradors, são as responsáveis pelos maravilhosos cães que tanto influenciaram minha vida.

Agradeço aos veterinários do Borador Animal Hospital e do Granville Small Animal Veterinary Service, especialmente Mary Menard, Whitney Pressler e Jeff Meyers. E a Stephanie Mills-Holtzman. E ao Granville Large Animal Service.

Sou grato ao dr. Bernard Rawlins e dr. Dan Richman do New York Hospital for Special Surgery, e a Kathy Metzger do Vermont Sports Medicine Center, por me ajudarem a me locomover novamente.

Obrigado a John Sweenor, por me transmitir a beleza dos ATVs, carros americanos e pneus agressivos.

E, é claro, jamais serei capaz de expressar verdadeiramente minha gratidão a Orson, o cão que me lançou nesta incrível jornada, uma dívida que nunca conseguirei saldar.

Jon Katz escreveu quinze livros — seis romances e nove obras de não-ficção — incluindo *A Dog Year*, *The Dogs of Bedlam Farm*, *The New Work of Dogs* e *Katz on Dogs*. Duas vezes finalista do National Magazine Award, escreve uma coluna sobre cães na revista *on-line Slate*, e escreveu para *The New York Times*, *The Wall Street Journal*, *Rolling Stone*, GQ e AKC *Gazette*. Foi um dos apresentadores do *Dog Talk*, show com entrega de prêmios, na Northeast Public Radio. Katz vive em Bedlam Farm, no norte do estado de Nova York, com sua mulher, Paula Span, e seus cães, carneiros, jumentos, um gato de celeiro, o irascível galo Winston e três galinhas. Seus *e-mails* podem ser enviados para o endereço jdkat@aol.com.

Este livro foi composto em Goudy, corpo 11.2/14.6.
Impresso em julho de 2007 pela Ediouro Gráfica
sobre papel Pólen Soft 80g/m².